CANSADO DE PAGAR DEUDAS
6 PASOS PARA LOGRAR TU LIBERTAD FINANCIERA

Néstor Castillero N.

Copyright © 2016 Néstor Castillero N.

Derechos Reservados.

ISBN: 978-9962-12-387-3

Segunda Impresión

Dedicado a Julissa,
mi alma gemela y el amor de mi vida.

Índice

9	¿Quién Soy?
17	Mitos Financieros
18	- Mito #1: Le Ganamos Al Mercado
23	- Mito #2: Cargos Pequeños
28	- Mito #3: Retornos Claros
31	- Mito #4: El Corredor Siempre Ayuda
36	- Mito #5: Mayor Riesgo, Mayor Ganancia
39	- Mito #6: Nuestras Limitantes
45	El Precio De Tus Sueños
61	Escoge Tu Canasta
73	Portafolio Multi Estacional
79	Planificación Patrimonial
85	Energía Del Dinero
91	Hacer Y Compartir
97	6 Pasos Para Lograr Tu Libertad Financiera

99	Anexos
101	- Physical Gold Fund SP
103	- Fondos De Pensión Privados
105	- Plataformas De Inversión
107	Entrevistas
108	- James Rickards
111	- Stanley Motta
112	- Nicholas Psychoyos Tagarópulos
113	- Magali Méndez
115	Agradecimientos
117	Bibliografía

Capítulo 1

¿Quién Soy?

Crecí con mi familia materna luego del divorcio de mis padres; nunca tuve una muy buena relación con mi padre biológico. Cuando mucho, recuerdo verlo una o raramente dos veces a la semana y solamente por un par de horas. Él es médico de profesión pero no tengo recuerdo alguno de que alguna vez me haya cuidado mientras estaba enfermo; en vista a lo anterior que les he contado, creo que no es muy difícil deducir que la relación no era la ideal que un niño quisiera tener.

Mis abuelos tenían dinero y un negocio muy exitoso que me permitió crecer con distintos lujos a mi alrededor. Mi madre era muy joven cuando nací y mientras ella iba a la universidad, me quedaba con mis abuelos e inclusive iba a su negocio a "ayudarlos" y pasar tiempo con ellos en su oficina.

A lo largo de los años, mis abuelos comenzaron a tener problemas financieros que terminaron con su empresa de manera dramática y con ello la pérdida de la casa donde vivíamos. Por ende, estuvimos forzados a mudarnos. Yo tenía unos 13 años y esta fue mi primera experiencia con una bancarrota financiera. Mis abuelos nunca pensaron en el futuro y nunca tuvieron un Plan B en caso tal que su situación financiera cambiase. Se sentían cómodos con lo que tenían y ahora que lo habían perdido todo, mi zona de confort desapareció.

No teníamos dónde ir y la responsabilidad mayor cayó sobre mi madre para poder mantener a la familia. Nos tuvimos que mudar a un edificio viejo, a un apartamento con tres cuartos. Un cuarto para mis abuelos, otro para mi tía con su hijo y el tercero compartido entre mi mamá y yo. Aun cuando recuerdo unos años felices en ese apartamento, fue un gran cambio pasar a vivir en este pequeño espacio luego de haber vivido en una casa enorme, de haber tenido todo lo que quisiera y ahora tenía que acostumbrarme a la nueva realidad de mi familia.

Mi madre en ese entonces era novia de quién hoy en día es su esposo y al que considero mi padre. Él tenía un negocio muy exitoso y se convirtió en millonario rápidamente. Recuerdo todos sus carros de lujo, los viajes a los que llevaba a mi madre alrededor del mundo e inclusive su avión privado. A simple vista parecía que su vida financiera estaba resuelta hasta que la situación cambió, su negocio cerró y perdió todo el dinero que tenía. Él fue la segunda persona cercana a mi vida que terminó en la quiebra, después de haber sido muy rico. Similar a mis abuelos, él nunca se preparó ni tomó medidas para el futuro y cuando su situación financiera colapsó, lo hizo fuertemente. Yo no tenía ni 18 años y ya había experimentado dos escenarios de riqueza y bancarrota de personas muy cercanas a mí. Luego de esto entendí cómo las cosas pueden cambiar rápidamente y si uno quiere mantener lo que tiene, debe estar preparado para cualquier eventualidad que pueda ocurrir en la vida.

Siempre me ha gustado trabajar. Recuerdo distintos puestos que tuve como asistente de banqueros, mesero en un restaurante durante las vacaciones escolares, trabajos que me hicieron sentir bien conmigo mismo ya que ganaba mis propios ingresos y me sentía un poco independiente. Me sentía feliz porque tenía algo propio; al momento no me di cuenta, pero estos fueron mis primeros pasos hacia mi futuro financiero.

Cuando tenía 20, tuve una discusión con mi padre y él decidió desheredarme. Era un médico exitoso que tenía buenos ingresos, pero desafortunadamente el dinero era lo único importante para él. Nunca hizo un verdadero esfuerzo por tener una relación conmigo; su meta siempre fue competir y ser mejor que mi madre. Si ella tenía un carro, él se compraba el mismo carro, pero de un modelo más nuevo o con más lujo. Para mí era ridículo ver cómo cambiaba siempre de carro a la marca que mi mamá tenía, siempre haciéndome saber que el de él era mejor.

En distintas ocasiones, mi padre me ofreció dinero para que me mudase con él en vez de vivir con mi madre. Constantemente me recordaba lo repleta de personas que estaba mi casa y me decía que, si me mudaba con él, tendría mi propio cuarto y cualquier cosa que quisiese. Estoy agradecido por el hecho de que los lazos con mi familia materna iban más allá del dinero; el dinero no era un incentivo para mí para mudarme ya que mis deseos no eran materiales sino una conexión más allá de eso. Mi padre nunca entendió que yo no era como él, que mis deseos principales no eran las cosas materiales. Me gustan las buenas cosas, pero luego de haber experimentado dos bancarrotas, supongo que en mi subconsciente ya sabía que había cosas más importantes en la vida que el dinero.

Luego de la discusión que tuvimos, mi padre me dejó de hablar. Nunca me llamó ni me contactó hasta que se enteró que me iba de viaje con unos amigos a Washington D.C. Al parecer no le gustó que había decidido irme sin decirle y me llamó con una petición: que le devolviera el reloj que me había dado al igual que las demás cosas que me había regalado. Fue una llamada corta pero poderosa. Mi padre biológico de quién no había sabido en un tiempo me llamó para exigir que le devolviese todos los regalos que él me había dado. Recuerdo haber colgado el teléfono y haberme quedado en silencio por un momento. Después de ese día, mi padre nunca me volvió a hablar ni intentar tener relación alguna conmigo. Esto fue hace más de 9 años y hoy puedo decir que estoy realmente agradecido por esta experiencia ya que me hizo una persona más fuerte de lo que era. Tengo la absoluta certeza de que esta experiencia era algo por lo que tenía que pasar para poder despertar mi deseo interno de crecer y mejorar.

Por ahora sólo les diré que luego de esa llamada con mi padre, me sentí decepcionado y me deshice de todas las cosas que él alguna vez me había dado. Se puede decir que aparte de una pérdida de ayuda económica, entré en una especie de bancarrota emocional. Me encontraba en un punto en el que no tenía una certeza financiera porque mi madre no ganaba lo suficiente para correr con todos los gastos por su cuenta y yo había perdido el apoyo de un familiar muy cercano. En vista a que quería cortar cualquier nexo existente con mi padre y simplemente intentar seguir adelante, decidí hacer una especie de rito de limpieza. Regalé y vendí lo que pude y luego de eso, me sentí libre y con el potencial de convertirme en quien estaba destinado a ser.

Aunque parezca algo simple, el simple hecho de desvincularme del apego material que tenía a las cosas que me había regalado mi padre en algún punto, me permitió hacer una especie de cierre y me permitió voltear la página para escribir un nuevo capítulo en mi vida. Muchas veces nos encontramos en situaciones que nos afectan emocionalmente, las cuales nos causan ciertos bloqueos en los distintos aspectos de nuestras vidas. Es fascinante ver cómo todo está conectado, y que algo tan sencillo como dejar ir (en mi caso los objetos materiales), desencadenó una serie de actos que moldearon el futuro. Se puede decir que, en ese momento del presente, cambié mi futuro por completo. Poco a poco fui entendiendo el motivo de la situación por la que había atravesado y aunque en ese instante me sentía confundido, todas las respuestas se me fueron dando a medida que estaba preparado para ello. Esta bancarrota financiera y emocional me dio un aprendizaje aún mayor; comencé a conocer las reglas del juego del dinero, las reglas que hoy les presento a ustedes.

Quería compartir estas historias con ustedes porque son las que me han hecho quién soy hoy en día. ¡Conozco qué es estar en bancarrota! ¡Conozco lo que es ser desheredado! ¡Conozco qué es sentirse perdido, asustado, solo, confundido, sin saber qué traerá el futuro! Aunque en ese entonces no sabía que por todo lo que pasaba era parte de un plan más grande, estoy muy agradecido por esas experiencias que me tocó atravesar a una temprana edad.

Escribí este libro para ustedes. Soy fiel creyente de que todos tienen el derecho de vivir libre de deudas, financieramente libres. Todos **DEBERÍAMOS** poder levantarnos todos los días emocionados de ir a trabajar. Las personas deberían de trabajar en lo que disfrutan, no en algo que detestan solamente porque necesitan un salario.

¿Quién Soy?

Actualmente me dedico a ayudar a las personas a proteger su dinero a través de un fondo de inversiones llamado Physical Gold Fund. Se podría decir que soy una especie de vendedor de seguros de dinero. Muchos aseguran su salud, casa, familia, vida, carro... ¿a cuántos conocen que aseguran su dinero? A través de muchos tropiezos y errores he aprendido que hay personas que por más difícil que se encuentre la economía mundial, siguen haciendo dinero. La mayoría de los millonarios en los Estados Unidos han creado sus propias fortunas, y más del 50% de ellos lo han hecho durante tiempos de crisis.

Mediante las estrategias que he aprendido y que hoy en día enseño, que permiten a las personas protegerse ante cualquier eventualidad, he conocido a muchas personas con y sin recursos. He llegado a la conclusión de que estas personas exitosas conocen ciertas reglas que aquellos no tan pudientes ni siquiera saben que existen.

He estudiado a mucha gente exitosa por muchos años. Aprendo de sus éxitos, pero mucho más de sus fracasos. Me he obsesionado con saber su por qué, esa motivación que los ha llevado a ser extremadamente exitosos. En lo personal, mi mayor aprendizaje ha sido el poder de la actitud. ¿Se han dado cuenta que la mayoría de las personas ofrecen su opinión cuando nadie se las ha pedido?

En el momento en que tenemos un sueño que nos inspira y motiva, aparecen personas allegadas a nosotros que intentan persuadirnos y explicarnos todo lo malo de nuestra idea o sueño. Es como si esa esencia de un éxito a futuro que nos rodea atrae a aquellas personas que se dedican a matar los sueños de los demás.

He llegado a la conclusión de que matar sueños definitivamente es una profesión. Tal vez no una que cargamos en nuestras tarjetas de presentación o que admitimos, pero es una que en muchas ocasiones practicamos diariamente. De todos los multimillonarios que he leído, no hay ninguno que no se haya enfrentado contra estos aniquiladores profesionales. A Michael Jordan le dijeron que no tenía talento, a Walt Disney le hicieron saber que sus ideas no prosperarían, a J.K. Rowling la rechazaron numerosos editores (si no sabes quién es ella, seguro has escuchado de su personaje Harry Potter). En fin, todas las personas exitosas se enfrentan ante un sin número de adversidades y de sujetos que los intentan desanimar. Lo más triste de todo, es que aún sabiendo esto, la mayoría nos dejamos influenciar y matar nuestros sueños.

A veces sentimos que no merecemos esa vida de prosperidad, que nos tenemos que conformar. Ese conformismo es uno de los factores clave que nos limita. Ese conformismo es el que he aprendido que los multimillonarios han sacado de su vocabulario. Las personas que alcanzan el éxito son aquellas que tienen el coraje suficiente para seguir adelante sin importar lo difícil que sea el camino.

Me han inspirado muchas personas exitosas. Luego de leer el libro de Tony Robbins, "Money: Master The Game" (Dinero: Domina el Juego), me identifiqué por completo con lo que él plasmó en su libro. Él escribió ese libro con la intención de ayudar a las personas a alcanzar una verdadera libertad financiera en sus vidas. Ese libro ha inspirado este libro, el cual he escrito para proveerles a ustedes con herramientas que pueden usar hoy en día para transformar de una manera positiva su situación financiera. Espero que este libro les sirva como guía y que puedan prepararse para un futuro exitoso.

El sueño de vivir libre de la esclavitud de las deudas es un sueño posible para todos nosotros. ¡Es un estilo de vida que merecemos! No les puedo asegurar que el camino será fácil pero sí les puedo garantizar que los beneficios son enormes al final de ese camino. Acompáñenme en esta travesía y quitémonos el velo que nos nubla la vista de una vez por todas. Pongámosle fin a los mitos financieros que nos engañan, dejemos de ser víctimas de un sistema que esclaviza. Así como este sistema fue creado por el hombre, es el hombre quien tiene el poder de modificarlo. No sientan que por el simple hecho de que las cosas "así son", hay que conformarse.

Estamos en una era de transformación. Revolucionemos juntos la industria financiera y ayudemos a correr la voz de que las llaves de las cadenas que nos esclavizan las tenemos nosotros mismos. Démonos cuenta de que el éxito financiero es algo propio; esa libertad financiera a la que hago alusión es real. Muchos han logrado levantar un imperio luego de no haber tenido nada; ¿qué saben ellos que no sabemos nosotros?

Ahora que conocen un poco sobre mí, ¿están listos para conocerse a ustedes mismos? ¿Están listos para despertar ese guerrero dentro de ustedes que puede conquistar el mundo? ¿Están listos para tomar su primer paso hacia una libertad financiera?

Deseándoles mucho éxito y prosperidad,

Néstor Castillero N.

nestor@nestorcastillero.com

www.cansadodepagardeudas.com

Capítulo 2
Mitos Financieros

Antes de entrar en los pasos que pueden seguir para comenzar su camino hacia la libertad financiera, quisiera hacer referencia a los mitos más comunes a nivel financiero para que podamos entender mejor el funcionamiento de esta industria.

Muchas personas sienten que hablar de finanzas es extremadamente complicado. La mayoría de las personas piensan esto por el simple hecho que los "gurús" financieros usan palabras y términos sofisticados que confunden.

En vez de utilizar una terminología accesible para todos, emplean un vocabulario complejo que sólo sirve para confundir más al inversionista y así posicionarse como un experto en la materia. Se sorprenderían lo mucho que dejan de ganar los inversores con el simple hecho de pensar que "todo esto de las finanzas es muy difícil" y "mejor se lo dejo a un experto". Desafortunadamente, la mayoría de los "expertos" no piensan en el bienestar del inversionista sino en ellos mismos.

Mito #1: Le Ganamos Al Mercado

Constantemente estamos siendo influenciados por los medios de comunicación. La mayoría de las personas ven Bloomberg, Yahoo Finance, CNN y otros noticieros financieros de alta exposición, siguiendo sus recomendaciones al pie de la letra. Pensamos que por el hecho de que son instituciones reconocidas y famosas, que todo lo que dicen es cierto. Desafortunadamente la prioridad de estos medios no somos nosotros, sino ellos mismos. Nos esclavizamos a ellos, leyendo y analizando **todo lo que publican, pensando que es para nuestro beneficio. Les anuncio lo siguiente: SU BENEFICIO ECONÓMICO NO ES PRIORIDAD PARA ELLOS.** Lo que estos medios reseñan no es para ayudarlos, es para hacer más dinero. No se crean al 100% todo lo que ven en la televisión o que leen en las redes sociales, periódicos, páginas financieras y demás.

No se imaginan a cuántas personas he visitado y al preguntarles su opinión sobre la situación económica actual y sus perspectivas, me repiten exactamente lo que ya había leído horas antes. Nos hemos acostumbrado a repetir más y pensar menos. Si sus decisiones financieras son hechas basado en lo que ven en la televisión, tal vez es hora de cambiar de canal. Es útil usar esas herramientas para conocer de eventos actuales que tienen impacto en nuestro día a día, pero jamás podremos alcanzar una libertad económica si hacemos caso a todo lo que leemos en los medios. La prioridad de los medios financieros es vender noticias que les hagan dinero.

Estos medios financieros tienen invitados en sus programas, personas de la industria financiera que hacen sus recomendaciones y sus predicciones del mercado. Muchos de estos profesionales son contratados por las compañías de fondos mutuos para que promuevan sus productos. Similar a la industria farmacéutica, en la cual las compañías contratan y pagan a médicos para que reseñen y promuevan sus medicamentos, las grandes casas de fondos le pagan altas comisiones a muchos profesionales de la industria para que hablen maravillas de sus productos.

Deben tener presente que el objetivo de las corporaciones financieras es hacer dinero. No digo que está mal, pero les advierto que los intereses del público inversionista no son su prioridad. En vista a que no podemos influir en ellas tan fácilmente ni hacerlas cambiar de parecer de la noche a la mañana, en lo que el inversor debe enfocarse es en hacer su diligencia e investigación, para tener toda la información relevante antes de tomar una decisión.

El entregar el dinero propio a otra persona para que lo administre es una enorme decisión. Se le está confiando a un tercero el futuro financiero propio y el de su familia. Es por esto que es muy importante que cada uno haga su tarea, y entienda realmente en qué se está metiendo y por qué lo está haciendo.

Es normal que los inversionistas busquen un retorno. El error está en obsesionarse por los rendimientos ya que cuando la parte emotiva entra en juego, las malas decisiones financieras abundan.

Uno de los mayores errores que he visto e inclusive vivido con mis propias inversiones, es el no tener un plan de inversión. Cuando no se establece por escrito el modelo a seguir para invertir, es muy fácil cometer errores emocionales. Al momento de crear un plan de inversiones, se debe ser frío y calculador. Se debe determinar cuánto estoy dispuesto a perder y ganar y qué porcentaje invertiré en cada instrumento. En un capítulo posterior profundizaré en este tema. Mostraré el modelo de portafolio utilizado por uno de los más grandes y más reconocidos asesores de inversión. Enseñaré cómo lo ha empleado a lo largo de su vida y cómo ustedes pueden nutrirse de su experiencia al momento de definir su plan de inversiones personal.

Volviendo al tema principal de este capítulo, el mito de ganarle al mercado, les quiero comentar de uno de los instrumentos más famosos y utilizados a nivel mundial para las inversiones…los fondos mutuos.

Los fondos mutuos son instrumentos en los que se puede acceder a distintos productos financieros mediante una sola estructura. En vez de comprar una acción a la vez, se puede comprar un fondo mutuo de acciones y este vehículo se encargará de comprar las distintas acciones según el criterio del administrador. Es una manera más "económica" de invertir en una amplia gama de productos, el riesgo es que se está confiando en un administrador que quiere ganarle al mercado.

Cuando a uno le ofrecen un fondo, le venden la idea del rating de la empresa o del administrador y de la genialidad de estos altos ejecutivos que saben ganarle al mercado. Estadísticamente, el 96% de los fondos mutuos administrados no logran vencer al mercado sobre un largo periodo de tiempo.

¿A qué me refiero con ganarle al mercado? Al decir esta frase, generalmente se refiere a vencerle a un índice del mercado de valores. Tomemos como ejemplo el mercado de acciones; un índice sería una lista o serie de acciones. Como referencia pueden tomar el S&P 500, el cual es un índice que contiene la lista de las 500 empresas más grandes en Estados Unidos según Standard & Poor's (en cuanto a tamaño del mercado). Cada día, se mide cómo se comportaron estas 500 acciones y se determina si este índice subió o bajó.

Cuando ven un fondo mutuo de acciones, la labor del administrador es ganarle a índice como el S&P 500 y así justificar al inversionista que le siga confiando su dinero. Les cuento un secreto que ha sido opacado por la industria de los fondos mutuos, ustedes también pueden invertir en índices.

La inversión en índices es más económica, posee un riesgo menor (no hay alguien activamente tratando de ganarle al mercado) y medido a largo plazo, rinde mucho mejor que un fondo mutuo.

¿Conocen de Warren Buffet? Por si no saben de él, les comento que es una de las personas más ricas del mundo actualmente. En el 2014, en la carta anual muy famosa que él escribe a los accionistas de sus empresas, explicó que cuando muera, quiere que todo el dinero que quedará a disposición en un fideicomiso para su esposa sea invertido solamente en índices. El motivo de esto, para reducir costos y maximizar rendimientos.

Según Dalbar, uno de los líderes en la industria de investigaciones, en una investigación de mercado hecha entre 1994 a 2013, determinó que el inversionista promedio en un fondo mutuo obtuvo un rendimiento de 5.00% anual mientras que el S&P 500 obtuvo un rendimiento del 9.22% anual durante el mismo periodo del tiempo. Esto significa que si hubiesen invertido $10,000.00 en fondos mutuos, hubieran recibido $26,500.00 al final del periodo vs. un retorno de $56,000.00 si hubiesen invertido en el S&P500.

Explican que un error muy común del inversionista promedio es que constantemente salta de producto en producto buscando un mejor rendimiento y a la larga, sus emociones interfieren y dan entrada a las malas decisiones.

Luego de que han aprendido algo que muy pocos saben, es válido que exista la duda de mis palabras. Si es tan abismal la diferencia entre invertir en un índice y en un fondo, ¿por qué la industria de los fondos es tan grande? ¡¡¡**MARKETING**!!!

Sucede mucho que ciertas empresas de fondos pagan mejores comisiones a sus vendedores para que ofrezcan los productos a sus clientes. En muchos casos los supuestos asesores están siendo influenciados por el pago que van a recibir y no necesariamente por los intereses del inversionista.

Este es uno de los motivos por los que estoy escribiendo este libro. Luego de varios años en la industria, estoy cansado de ver cómo se aprovechan y juegan con los pequeños inversores (y varios grandes también). Me he reunido con cualquier cantidad de asesores financieros y siento que pocos genuinamente velan por sus clientes.

Sigan leyendo, más adelante revelaré estrategias que la mayoría de sus amigos no tiene ni idea que existen.

Yo he caído en la tentación de querer ganarle al mercado y a la larga he terminado perdiendo. El mercado de valores es como el casino, puede volverse adictivo y destructivo. Nos deja ganar un poquito, engrandeciendo nuestro ego de "gurús financieros", haciéndonos querer ganar más, y más y más para luego dejarnos en cero.

Constantemente vivía en una montaña rusa emocional. Hacía inversiones a través de mi cuenta y cada vez que el producto subía me alegraba y cuando bajaba me molestaba. Sin darme cuenta, yo mismo me encadené emocionalmente con el objetivo de "ganarle" al mercado. Cuán equivocado estaba, me había dejado engañar por esta ilusión ya que pensaba que así es como uno hacía dinero.

Con el pasar de los años me di cuenta que uno no tiene que vivir dentro de este ciclo emotivo. Es posible planificar sus inversiones de una manera que, aunque el mercado suba o baje, su dinero tendrá un nivel de protección. He aprendido a que no siempre puedo ganar, que muchas veces me tocará perder. Lo que compartiré con ustedes más adelante son distintas herramientas que les permitirán sentirse cómodos tanto en los buenos momentos como en los malos, ya que su dinero estará diversificado y balanceado. Una de las palabras más importantes al momento de planificar su futuro es la diversificación, también conocida como "no poner todos los huevos en una sola canasta".

Mito #2: Cargos Pequeños

¿Cómo se sentirían si van a comprar la casa de sus sueños y acuerdan en un precio de venta, pero al momento de firmar el contrato, el precio mágicamente aumenta?

Seguro se sentirían frustrados, atrapados o tal vez engañados ya que el costo del bien que ustedes tenían en su mente era una ilusión, no habían contemplado otros costos de los cuales no tenían idea que existían.

En un artículo de Forbes de Ty Bernicke sobre "El Costo Verdadero de los Fondos Mutuos", luego de disecar estas estructuras y hacer un análisis profundo, se llega a la conclusión de que el costo promedio de un fondo mutuo es de 3.17% anual.

Este número no parece ser muy alto como un precio a pagar por su libertad financiera pero sí resulta relevante cuando ustedes pueden acceder a estos mismos productos por un costo menor a 0.30% anual. Esta es la diferencia del valor agregado que ofrecen los fondos indexados vs. los fondos tradicionales.

El marketing financiero tradicional empuja los fondos mutuales a la mayoría de los inversionistas ya que, en estos productos, todos salen ganando menos el cliente final. Hay comisiones para todas las partes que salen del bolsillo del cliente y uno ni se da cuenta. Es un sistema tan bien diseñado que el cliente asume el cargo por un fondo en el que su administrador está, en la mayoría de los casos, completamente convencido que le ganará al mercado. Como leyeron en el Mito #1, esto no es lo que sucede en el 96% de los fondos.

Les planteo el siguiente ejemplo para ilustrarles el poder de los cargos por más pequeños que parezcan:

Elías, Alberto y Danilo deciden invertir cada uno $100,000.00 en un fondo mutual por un periodo de 30 años. Elías opta por un fondo con un cargo de 1%

anual, Alberto por uno de 2% y Danilo por uno de 3% respectivamente. Todos ellos tienen la fortuna de que, por ese período de tiempo, obtienen un retorno anual de 7% sobre su inversión.

Al final del período, los tres amigos deciden comparar cómo les fue en sus inversiones. Así es cómo se ve el panorama:

Danilo: Invirtió $100,000.00 y ahora tiene aproximadamente $305,256.81

Alberto: Invirtió $100,000.00 y ahora tiene aproximadamente $415,236.58

Elías: Invirtió $100,000.00 y ahora tiene aproximadamente $563,078.79

Se podrán percatar que los tres invirtieron en un producto que generó el mismo retorno, pero al descontar los cargos que cobraban cada uno de ellos, la diferencia entre un cargo de 1% anual y de 3% anual es abismal, casi el doble.

Imaginen que Julissa decidió invertir junto con Danilo, Alberto y Elías, pero decidió invertir en el mismo monto en las mismas inversiones que los tres sujetos a través un índice en vez de un fondo mutuo. Por lo alto, digamos que ese índice le cobraba a Julissa un cargo anual de 0.30% sobre su inversión. Así es como quedaría el panorama:

Danilo: Invirtió $100,000.00 y ahora tiene aproximadamente $305,256.81

Alberto: Invirtió $100,000.00 y ahora tiene aproximadamente $415,236.58

Elías: Invirtió $100,000.00 y ahora tiene aproximadamente $563,078.79

Julissa: Invirtió $100,000.00 y ahora tiene aproximadamente $695,613.62

Cada vez que invierten en productos con cargos altos, puede que no se den cuenta de inmediato, pero están dejando grandes sumas de dinero sobre la mesa. No lo sienten ya que no les quitan el dinero de inmediato, sino que gradualmente con los años dejan de recibir montos que les pertenecen a ustedes (es TU dinero). Y no piensen que este dinero desvanece, simplemente se lo queda el administrador del fondo.

¿No me creen? Si hacen los cálculos de invertir $100,000.00 en un fondo de inversiones con un cargo de 3% anual por un periodo de 30 años como lo hizo Danilo, él recibiría al final del periodo unos $305,256.81 y el administrador del fondo hubiese ganado más de $170,000.00 dólares. Esto equivale a más de la mitad de lo que Danilo ganaría, siendo Danilo quién realmente asume todo el riesgo de la inversión.

Existen distintos tipos de fondos mutuales en el mundo. Algunos con cargos de entrada otros con cargos de salida, algunos "sin cargos" pero todos tienen algo en común: el prospecto. Yo tengo un fondo de inversiones del cual les comentaré más adelante. El motivo por el cual saco a relucir esto es que yo no era consciente de las reglas del juego de los fondos hasta que construí el mío propio.

El prospecto equivale a las reglas que debe seguir el fondo de inversiones. Cada prospecto consta de mínimo unas 50 páginas en letras pequeñas que el 99% de los inversionistas no lee. Yo me he tomado la molestia de leer más de 30 prospectos en mi vida y he concluido casi siempre lo mismo, siempre hay costos y cargos escondidos que el administrador no revela.

En el mercadeo de cada producto, se nombran los cargos más relevantes del fondo. Esto no quiere decir que son los únicos que existen, ya que siempre hay una frase escondida que dice que "otros cargos podrán aplicar". Como nadie lee esto y no pregunta por esos otros cargos, nunca reciben respuesta.

En mi experiencia, he visto fondos que estipulan que cobran 1% al año y al sumar esos otros cargos, pueden llegar a 2% o hasta 3%. ¡Vaya que esos otros cargos suman! Los prospectos me recuerdan a las actualizaciones de software de nuestros teléfonos y demás equipos electrónicos; todas dicen al final "he leído y acepto los términos y condiciones". ¿Cuántos de ustedes han leído esa página completa antes de aceptar?

El ser humano en muchas ocasiones se deja llevar por la avaricia. Esas ganas de obtener el rendimiento más alto y ganar más a veces nos llevan a perder. Cuando se escogen estos instrumentos financieros persiguiendo un retorno, se omiten muchos pasos relevantes que pueden terminar costándonos caro.

Recuerden lo que les mencioné acerca de que el 96% de los fondos mutuos no vencen al mercado. Además de no vencer al mercado, les cobran un porcentaje por intentarlo y otros cargos extras que van sumando con el pasar del tiempo. Y saben qué es lo peor, todos dicen que tienen sus intereses como prioridad.

Si leer este libro les abre los ojos y les permite ahorrarse cargos, aunque sea de 1%, quedo contento ya que eso puede representar un ahorro de miles e inclusive millones de dólares.

Con el simple hecho de remover fondos mutuos de sus inversiones y reemplazarlos por fondos indexados, habrán tomado el primero paso hacia un ahorro de más del 50%, dinero que irá a sus bolsillos y no a los de un asesor financiero.

Quiero finalizar haciendo énfasis de que cuando ustedes le entreguen su dinero a un asesor, exijan que les de explicaciones. No se crean la primera historia que les cuente, hagan su diligencia y cuestionen sus decisiones hasta que se sientan cómodos. Antes de preguntar cuánto me voy a ganar, tomen en cuenta cuánto me va a costar.

Yo he invertido en distintos fondos de inversión que mostraban retornos atractivos y con costos no muy altos. Al pasar el tiempo me daba cuenta de que al fondo le iba bien, pero a mí no me iba tan bien. No entendía todo esto de los costos, no leía el prospecto de 50 y hasta 100 páginas. Cuando creé mi primer fondo de inversiones, me dediqué a leer toda la documentación de más de 10 fondos que estaban en la misma industria que mi fondo. Me leí muchos prospectos financieros (me dormía por un tiempo casi en todos) y al final terminaba cansado y confundido. Algunos de estos textos usan términos tan confusos, inventan cargos por aquí y por allá que al final terminamos pagando nosotros.

En varias ocasiones que conversé con vendedores de fondos, ni ellos mismos se leían todo el prospecto. Decían que realmente la mayoría de las personas no los lee, simplemente confían en la empresa que respalda al fondo.

No se crean que por el simple hecho de que un nombre conocido respalda un producto, que los inversionistas estamos seguros. Hay que hacer la diligencia; hay que leer todo el documento de esa empresa en la que estamos confiando nuestro dinero. Yo no tenía idea de que existían estos fondos indexados que eran mucho más económicos. De haber sabido antes, hubiera preferido mil veces pagar un cargo de 0.25% a uno de 1.50%. El ahorrarse dinero en cargos significa más dinero para su bolsillo y menos para la compañía.

¡Es hora de decir no más! ¿Por qué regalar nuestro dinero cuándo a nosotros no nos sobra? En el capítulo que sigue hablaré sobre otra bestia peligrosa que nos sabe encantar y engañar, "el retorno sobre la inversión".

Mito #3: Retornos Claros

Desde pequeño, siempre que escuchaba sobre algún tipo negocio, ya sea en mi vida, las películas, la televisión o en cualquier otro medio, siempre los involucrados se preguntan: ¿cuánto me voy a ganar? Inclusive yo, cuando he hecho tratos con personas, siempre había sido orientado a cuál sería mi beneficio. Si no veía atractivo suficiente, simplemente no era algo en lo que me interesaba estar metido.

Este deseo de ganar, de recibir algún retorno o cualquier tipo de beneficio es parte del ser humano. Esta ambición es innata, y es algo de lo que muchos se aprovechan para tentarnos y engancharnos. Esta manera de pensar en la que se quiere un retorno cada vez mayor, en ocasiones es el ancla que nos hunde y nos termina llevando a perder todo.

Tengo un amigo que pasó por una fase en que le encantaba ir al casino. Cuando ganaba, quería un retorno mayor así que apostaba más y más hasta el punto en que estaba cegado por su ambición. En ese momento es que el casino comienza a jugar con uno y eventualmente mi amigo perdía todo. Esto cada vez fue incrementando hasta el punto en que mi amigo perdía dinero, se iba a su casa a dormir y luego se levantaba de madrugada para regresar al casino e intentar "recuperar" su inversión.

Mi amigo invertía su dinero en las mesas de Black Jack y como toda inversión, él quería su retorno. Así es la vida de la mayoría de nosotros; invertimos dinero, energía, tiempo…buscando siempre un retorno. ¿Hasta qué punto estamos dispuestos a llegar por ganar? ¿Cuál es nuestro límite? Esas respuestas varían entre personas, pero el factor común que los une es el hecho de que todos queremos ganar más de lo que invertimos, y esto el mercado de Wall Street lo sabe y aprovecha.

El mercadeo masivo de Wall Street, ha hecho creer al público en general que los retornos que muestran los distintos productos de inversión, son los retornos que el inversionista está recibiendo.

Déjenme decirles que los retornos que productos como los fondos de inversión les muestran en sus "fact sheets" (documentos de entre 1-3 páginas que estipulan los puntos clave del producto; la mayoría de las personas leen esto y no el prospecto, documento que es el que realmente tiene la información que se necesita saber antes de invertir) no son los retornos que ustedes estarían realmente recibiendo.

Estos retornos que se mercadean son aquellos retornos sopesados en el tiempo o "time weighed returns". Estos retornos son aquellos que son calculados sobre un lapso de tiempo, lo cual no necesariamente significa que los inversionistas estuvieron invirtiendo en el fondo por ese mismo periodo de tiempo.

Les explico con el siguiente ejemplo:

Si el valor de un fondo de inversiones estaba a $1.00 al comienzo del año y a $1.20 al final del año, se podría decir que el fondo tuvo un retorno positivo de 20%. El departamento de mercadeo hace uso de este dato para promover masivamente el enorme retorno que el fondo de inversiones obtuvo.

En la realidad, casi ningún inversionista invirtió en ese fondo desde el comienzo del año. Muchos inversionistas hacen aportes durante el año, por lo que invierten en el producto en diferentes etapas y no desde su inicio. Adicional a esto, como ya les he comentado en capítulos anteriores, la mayoría de las personas persigue retornos y por ende podrán hacer aportes a este mismo fondo cuando vean que está en alza, pero frenarse de invertir cuando lo vean a la baja.

Este tipo de retorno que recibiría el inversionista se le denomina retorno sopesado en dólares o "dollar weighed return". Este retorno es el que el inversionista verdaderamente recibe mientras que el retorno en el tiempo es el que los administradores de los fondos utilizan para promover su producto.

Debido a que el inversionista no invirtió desde el comienzo del año y no fue consistente en sus aportes recurrentes al fondo, cuando llegue el final del año no va a recibir el 20% que pensaba era su retorno sobre el fondo.

Según distintas comparaciones, siendo una de ellas la del ícono financiero Jack Bogle, el inversionista recibe un 3% menos que lo que el fondo estipula como retorno real. Esto quiere decir que, si el fondo promueve un 5% de retorno, el inversionista realmente está recibiendo algo más cercano al 2%.

Tal vez sientan que hasta el momento están recibiendo enormes cantidades de información que puede los estén confundiendo. Nunca les dije que el camino hacia la libertad financiera era fácil, pero les aseguro que es mucho más fácil caminar por un túnel oscuro con una linterna que sin ella. Esta linterna es la que los ayuda a iluminar el túnel, acercándolos cada vez más a tomar mejores decisiones para alcanzar su libertad financiera.

Los felicito ya que, si están leyendo esto, su camino hacia la libertad financiera ha comenzado. Aunque no sigan leyendo este libro y decidan dejarlo hasta aquí, les aseguro que no son las mismas personas que cuando comenzaron a leer y solamente con lo poco que han recibido, ya tienen un nivel de conciencia financiera superior al 90% de la población mundial.

Déjenme decirles que la confianza es algo clave en toda industria, y mucho más cuando se trata del dinero de las personas. Es por esto que en el próximo capítulo les explicaré sobre los distintos tipos de asesores para que así puedan acercársele a quienes más les convienen a ustedes.

Muchos de ustedes tienen un día a día ocupado y no puede estar pendiente al 100% de sus inversiones. Es por esto que es recomendable tener a algún experto que los pueda guiar y que cuide de sus intereses. Pasemos al siguiente capítulo y profundizaré en el tema.

Mito #4: El Corredor Siempre Ayuda

Existe la posibilidad que ni su corredor de valores tenga el conocimiento que ahora ustedes tienen luego de leer los capítulos anteriores. No me sorprendería inclusive que ese corredor esté tomando decisiones de inversión que lo terminarán perjudicando a él mismo.

Si se preguntan por qué su falta de conocimiento de todo lo anterior, es simplemente por el mercadeo masivo a favor de estas empresas de productos financieros que terminan llenándole a uno la cabeza de ideas equivocadas. Los grandes administradores financieros no tienen como prioridad los intereses del inversionista, su prioridad es hacer dinero.

El sistema financiero está diseñado para acabar con el pequeño inversor y que las grandes compañías del mundo financiero ganen más y más. ¿Recuerdan la crisis del 2008/09? Ninguno de los causantes del colapso está preso; inclusive, la mayoría recibieron bonos jugosos de millones y millones de dólares cuando aún más inversores perdieron todo lo que tenían.

En vista a que la industria financiera no va a cambiar de la noche a la mañana, es el deber de todo inversionista educarse y así tomar las decisiones que más le favorezcan a él y su familia, no a su corredor de valores.

Estoy cansado de ver cómo los noticieros financieros inundan a las personas con productos y estrategias que les prometen grandes retornos, sin decirles los grandes riesgos. Las leyes protegen a estas corporaciones y el que siempre termina perjudicado es el que se la pasaba ahorrando, el que simplemente quería tener un futuro financiero adecuado a sus necesidades.

Estuve en mi luna de miel en Disney y me sorprendí de ver tantas personas mayores de 70 años trabajando bajo el sol en los puestos de estacionamiento del parque.

No es mi intención quitarle mérito a ningún trabajo ya que considero que todo trabajo honrado es digno de admirar. Lo que me sorprendió fue el hecho es que apuesto que ninguno de esos señores se visualizaba a los 70 años trabajando bajo el sol por varias horas al día, seguro la mayoría se veían descansado y disfrutando de sus frutos después de años de trabajo.

Los mercados financieros son una de las herramientas que pueden ayudarlos a obtener ingresos a futuro. Esto lo lograrán solamente si toman las mejores decisiones hoy, y a la mayoría quién los guía en esas decisiones son sus corredores.

Hace unos años atrás Morningstar realizó un seguimiento de 4,300 fondos de inversión administrados activamente. Obtuvieron como resultado que el 49% de los administradores no había invertido en el propio fondo que administraban. ¡Increíble!

Del 51% restante, más del 50% tenían invertido una cantidad mínima en sus propios fondos en comparación a su patrimonio. Esto quiere decir que la mayoría de los administradores prefieren otras inversiones a las que ellos mismos ofrecen.

En mi restaurante favorito en Panamá siempre he tenido una excelente experiencia. El dueño se ha acercado a mi mesa a saludar, ver cómo estuvo todo e inclusive hacer sugerencias de platos que me podrían gustar. Imaginen si un día le preguntase, ¿qué me recomiendas? Y me contestase: no tengo idea, yo prefiero comer en el restaurante de enfrente. Esto destruiría mi confianza por completo en su restaurante. ¿Se sentirían cómodos de comer luego de que ni siquiera el dueño come ahí? Pues es lo mismo que sucede con los fondos; los que están a cargo por lo general prefieren invertir en otros instrumentos que no son el suyo. Si ellos no meten su propio dinero, ¿por qué ustedes sí?

Como sugerencia, cada vez que su corredor de valores les venda algo, pregúntenle si ha invertido algo en ese producto. Si no lo ha hecho, pregunten el motivo hasta que se sientan satisfechos de que él realmente está velando por ustedes. Hay algunos corredores que no tienen los recursos para invertir en ellos y no hay problema con eso. Pero cuestionen y aclaren cualquier duda hasta que sientan que él realmente está pensando en lo mejor para ustedes y no en su comisión o en quedar bien con su jefe.

Los fondos de inversión por lo general pagan muy buenas comisiones a los corredores que lo ofrecen a sus clientes. Esto puede tentar a muchos corredores de venderles un producto de menor calidad por una mayor comisión, terminando afectándoles a ustedes y a su futuro financiero. Sean claros con su corredor y pregúntenles si ellos están siendo compensados por el representante del fondo y que les muestren completa transparencia, para que así ustedes tengan una mayor certeza de que sus intereses son importantes para él.

Una vez estaba en la ciudad de Buenos Aires en Argentina, intentando vender mi fondo de oro a distintos asesores. Me reuní con uno de ellos en una oficina de lujo, similar a la de casi todos los asesores financieros con egos en planetas más elevados que el nuestro. Al ofrecerle mi fondo y mostrarle los beneficios y ventajas que tiene versus un fondo muy grande de la industria del oro, él me dijo lo siguiente: "Yo invierto a mis clientes en el GLD (GLD es el nombre del fondo más grande del mundo que invierte en oro) porque si al fondo le va mal, yo les puedo decir que no solamente a ellos les fue mal sino a muchísimos más."

Este asesor nunca había leído nada del GLD, solamente lo conocía por nombre. No tenía preocupación alguna de que los cargos del GLD fueran mayores a mi fondo ni tampoco le importó el hecho de que yo podía ofrecerle una mayor protección a sus clientes. Él simplemente me decía que él invertía a sus clientes en lo más grande, así él se protegía de que, si a los productos les iba mal, no era culpa de él sino del mercado. Me decía que si a alguien más pequeño (a mi fondo) le iba mal, era más difícil justificar a sus clientes el porqué de su inversión conmigo así que él mejor se iba por lo que lo cubría más.

No está de más decir que no hice ninguna venta en esa reunión, pero salí un poco más sabio. Me di cuenta de que en muchas ocasiones al asesor solamente le importa cubrirse sus espaldas y hacer dinero, el que sufre las consecuencias de sus decisiones somos nosotros. La mayoría de los bancos donde guardamos nuestro dinero o mediante los cuales hacemos inversiones, ganan siempre. Si el mercado sube ellos cobran comisión y si baja, también cobran comisión. Nuestras relaciones con muchos asesores financieros se manejan bajo los siguientes términos y condiciones:

1. Nosotros les damos nuestro dinero.

2. Ellos lo manejan como consideran conveniente.

3. Si las inversiones suben, ambos ganamos.

4. Si las inversiones bajan, ellos ganan y nosotros perdemos.

A fin de cuentas, nosotros asumimos todo el riesgo y somos los que llevamos las de perder. Es hora de cambiar eso, ¿no les parece?

Dado lo anterior, esto no quiere decir que todos los corredores de valores o asesores financieros sean malos. Existen personas muy buenas y capaces que tienen la mejor intención de velar por sus clientes. El problema es que no todos comparten esta visión y es por ello que la responsabilidad de escoger a su asesor recae en ustedes. Existen corredores y asesores que cobran un porcentaje anual a sus clientes y solamente reciben esto como compensación. Esto limita al asesor a que se mantenga alineado con velar por sus intereses y no esté tentado por jugosas comisiones. Pregunten a sus asesores qué sistemas de compensación reciben, pregúntenle de dónde hacen el dinero para que así ustedes conozcan todas las reglas antes de meterse al juego.

La confianza es clave en este negocio y es vital que ustedes sientan que su asesor vela por ustedes. Existen muchas personas con integridad que realmente se preocupan por sus clientes, pero hay también muchos que solamente quieren ganar la mayor cantidad de dinero posible a costa de sus clientes.

Espero que luego de haber leído este capítulo, tengan una idea más clara en cuanto a los intermediarios de la industria y utilicen las herramientas que han aprendido para cuestionar a su asesor hasta que se sientan contentos y seguros de que están en buenas manos.

Mito #5: Mayor Riesgo, Mayor Ganancia

Esta frase es repetida por millones de personas, pero no la hace necesariamente verdadera. Si bien es cierto el inversionista promedio invierte en productos más arriesgados buscando retornos más grandes, los inversionistas que pertenecen al 1% de la industria financiera saben que más importante que el retorno soñado, es la protección ante una baja del mercado.

A continuación, verán dos casos de los que leí en el libro Money: Master The Game de Tony Robbins y que quise retransmitirles a ustedes. Se trata de dos personas muy ricas que buscaron maneras de reducir su riesgo, pero de maximizar sus retornos de una manera más segura.

1. Richard Branson, fundador de Virgin, creó una estrategia brillante cuando iba a lanzar Virgin Airways en 1984. Él compró los primeros 5 aviones con la condición que, si no funcionaba el negocio, podría devolverlos y recibiría su dinero de regreso. Imaginen esto, si su negocio fracasaba le regresaban su inversión, pero si prosperaba, ganaría con creces. Creo que todos conocen ya la historia de cómo le fue con ese negocio.

2. Kyle Bass, uno de los administradores de fondos de cobertura más exitosos del mundo. Bass es conocido por haber invertido $30 millones de dólares y haber obtenido $2 mil millones de dólares como retorno en dos años. El sentido común les haría creer que Bass hizo esto asumiendo un alto riesgo para haber obtenido tanto retorno, pero realmente su riesgo fue mínimo. Bass hizo un cálculo contra la burbuja de viviendas en los Estados Unidos y en una entrevista, Bass expresa que él solamente arriesgó 3 centavos por cada dólar de ganancia. ¿Qué les parece asumir ese pequeño riesgo y obtener un retorno tan grande?

Mitos Financieros

Bass le reveló a Tony una estrategia que me fascinó desde que la leí. Bass le comenta a Tony que él creó una estrategia de inversión con sus hijos que es simplemente cómica e impresionante. Se las cuento a continuación.

Bass invirtió $2 millones de dólares en Nickels (monedas de 5 centavos de los Estados Unidos). El motivo de esto fue que el valor de cada moneda es de 5 centavos, pero el valor del metal que contiene cada una las hace valer 6.8 centavos a precio del mercado. Vivimos en un mundo donde es más caro hacer la moneda que el valor monetario que la misma tiene. Bass visualiza que, en un futuro no muy lejano, alguien en el gobierno se dará cuenta de esto y simplemente cambiarán la composición metálica de la moneda y su valor disminuirá. Esto ya se hizo con el Penny (moneda de 1 centavo) años atrás y lo más probable es que vuelva a suceder con los Nickels.

Entre 1909 a 1982, los Penny's estaban hechos en un 95% de cobre. Hoy en día el contenido de cobre es aproximadamente de 2.5%. Cuando el cambio suceda con los Nickels, aquellos que sí contenían mayor metal subirán automáticamente de valor.

El fundir dinero es ilegal en muchos sitios, pero no hay necesidad de hacerlo. Si uno simplemente invierte en Nickels y las guarda, cuando llegue el momento en que decidan removerle el níquel a la moneda y hacerla con otra variación, las que contenían mayor cantidad de metal valdrán más.

Acaban de recibir un dato que automáticamente les da 36% de retorno (el valor nominal es de 5 centavos, pero el valor de contenido es de 6.8 centavos) con poco riesgo. ¿Peor escenario? Van al banco y cambian las monedas por dólares o lo depositan en sus cuentas; no va a perder el valor de su inversión.

Este ejemplo anterior es válido para las monedas de 5 centavos de los Estados Unidos. Les recomiendo investigar en su país de origen la composición metálica de cada moneda y así evaluar si esta inversión es práctica para ustedes o no.

Mi esposa y yo hicimos esto por un tiempo y fue muy gracioso llegar al banco y pedir que nos dieran sumas de dinero en monedas de 5 centavos. Nos miraban con cara de locos y algunos hasta decían, ahí vienen los de las monedas. ¿Qué importa si los ven como lunáticos? Yo prefiero ser visto como un loco con libertad que como un cuerdo esclavizado. No se engañen, el no tener libertad financiera es estar esclavizado a las deudas. ¿Quisieran vivir el resto de sus días recibiendo más cuentas que cheques? ¿Estarían dispuestos a mantenerse pensando de la misma manera y no salir de ese círculo vicioso a tomar una o dos ideas nuevas e intentar dar nuevos pasos hacia el éxito?

El punto clave de este capítulo es mostrarle que existen maneras en las que ustedes pueden ganar dinero sin necesidad de tomar riesgos altos. Todos los multimillonarios exitosos en el mundo conocen esta estrategia, pero desafortunadamente no todos los inversionistas tienen acceso a este conocimiento.

¿Sienten que se les ha quitado la venda que tenían sobre sus ojos? Tal vez sientan que es mucha información la que llevamos hasta ahora y les adelanto que falta todavía aún más, pero si tan solo agarran un porcentaje de lo que están aprendiendo y lo aplican, les aseguro que estarían dando un paso más allá que lo que muchos inversionistas hacen durante toda su vida.

Mito #6: Nuestras Limitantes

Luego de cubrir algunos mitos sobre la industria financiera y conocer un poco sobre cómo el mercadeo de ciertos productos ha inundado a los inversionistas con vehículos que no necesariamente son los mejores para ellos, quisiera hablar sobre las mentiras más graves, las que nos decimos a nosotros mismos.

Déjenme decirles que la barrera más grande que nos impide a la mayoría de nosotros de alcanzar el crecimiento deseado no son las limitaciones que otros nos ponen sino nuestra propia percepción y creencias.

No importa cuán lejos lleguemos en cualquier tipo de crecimiento; ya sea espiritual, profesional, familiar o cualquier otro, siempre existe un nivel más alto. Siempre existe la posibilidad de crecer un poco más ya que por naturaleza, el ser humano siempre quiere más y más, pero a su vez sus propios miedos son los que lo restringen de este deseo.

Todos hemos tenido el miedo a fracasar en algún momento de nuestras vidas. Puede que unos lo demuestren más que otros, pero todos compartimos ese miedo. Aunque sabemos qué es lo que tenemos que hacer, ese miedo nos estanca y nos frena. ¿Qué es lo que la mayoría de las personas hacen al encontrarse con ese miedo? ¿Lo enfrentan? ¡NO! La mayoría de las personas se crean historias para justificar el por qué no seguir adelante y justificar ese miedo que sentimos en determinado momento.

Esas historias que nos inventamos por lo general están influenciadas por algo o alguien exterior. Tendemos a culpar a situaciones y así justificamos el no seguir adelante; son historias que nos repetimos constantemente y terminamos creyendo, causando así una limitación auto impuesta en nuestras vidas.

He leído los libros de Tony Robbins, escuchado y visto sus videos al igual que participado de eventos en vivo como el UPW (Unleash the Power Within). Si alguna vez en su vida tienen la oportunidad de asistir al UPW, no la dejen pasar. Son solamente 4 días que transformarán su vida por completo, ayudándoles a encontrar esa fuerza que todos tenemos dentro y poder darle un giro positivo a nuestra vida. Este evento les permitirá hacer una introspección, encontrar los temores o barreras que los están limitando y aprenderán cómo cambiar ese chip en su cabeza.

En este evento salté, canté, grité y disfruté como nunca. La energía de más de 7 mil personas en un mismo lugar es increíble. El ver a tantas personas buscando crecer, buscando vencer sus adversidades y despertar ese gigante que todo tenemos dentro lo hace sentir a uno lo suficientemente fuerte para vencer cualquier reto. Realmente el Néstor que entró no fue el mismo que salió; entré un peón y salí hecho un Rey. Y saben qué es lo más gracioso, que Tony no hace nada más que guiarnos a encontrar el poder dentro de nosotros. No hay magias, trucos ni engaños…es simplemente un evento que nos permite darnos cuenta lo afortunados que somos y que el poder de cambiar nuestras vidas está en nuestras manos, no en las de nadie más.

Estos tres componentes que les comentaré abajo, de los que habla Tony en sus distintos libros y eventos, son piezas fundamentales para poder alcanzar el éxito en cualquier nivel de sus vidas.

1. Estrategia Adecuada: Si están leyendo este libro es porque tienen interés de encontrar la estrategia adecuada para poder transformar su situación financiera. Para poder obtener un resultado, es importante utilizar como modelo a alguien que haya alcanzado el éxito en eso que nosotros buscamos.

Es por este motivo que he estado estudiando por varios años a grandes íconos a nivel mundial que han logrado el éxito financiero. La mayoría de ellos nacieron pobres de dinero, pero no de mente. Fue su perseverancia y exigencia la que los llevó a un nivel monetario al que aspiran muchos, pero llegan pocos. Creo firmemente en que todos tenemos ese mismo potencial adentro, solo que muchas veces usamos la estrategia incorrecta.

Muchas veces las personas buscan los consejos financieros de aquéllos que no son exitosos en ese rubro. Ya sean amistades, familiares, compañeros de trabajo, constantemente se busca la validación de alguien que puede estar en la misma o peor situación financiera que uno.

Si bien es cierto que no todos tienen acceso a los ultra exitosos a nivel financiero, pueden buscar una manera eficiente de aprender de ellos. Ya sea a través de sus biografías, escritos, entrevistas o cualquier información que puedan encontrar en donde puedan aprender de cómo lograron tener el éxito financiero del que gozan hoy en día.

Volviendo al tema de la estrategia, es importante que estudien su estrategia actual y evalúen si les está funcionando. Si no sirve, es hora de cambiarla. Recuerden que su futuro financiero depende de ella y el momento del cambio es ahora y no cuando sea muy tarde. Sigan los modelos de aquellos que ya han logrado lo que ustedes quieren y pídanle consejos si tienen el acceso. No se dejen guiar por consejos de amigos o familiares que no son exitosamente financieros. Aprendan de sus errores si les sirve, pero no se confíen ya que es importante tener la estrategia adecuada y comprobada por alguien que ya haya alcanzado el nivel financiero al que ustedes aspiran.

2. Historia: Frases como "nunca voy a ganar más dinero" o "nunca podré comprarme el carro de mis sueños" "no tengo dinero para eso" o "no tengo suficiente" son muy poderosas de una manera negativa. Después de tanto repetirlas, nuestra mente las toma como ciertas y nos hace actuar de acuerdo ellas, causándonos una esclavitud financiera de la cual muchos son parte.

Con una historia negativa, no hace sentido siquiera comenzar con la estrategia porque ya se tiene el fracaso en mente. Es por esto que más importante que la estrategia, es el poder de nuestra historia.

Es hora de divorciarse de esas creencias limitantes y casarse con la verdad. La libertad financiera para cada uno de ustedes es real y alcanzable. En la medida que se alejen de esta historia limitante y reconozcan que está en ustedes la posibilidad de hacer un cambio, estarán encaminados hacia el camino a la libertad financiera.

Aproximadamente el 44% de las personas en Estados Unidos sufre de altos niveles de estrés financiero. ¿Se preocupan ustedes por las cuentas de la casa? ¿Les cuesta dormir sintiéndose inundados por deudas sin saber cómo salir de ellas? ¿Quieren vivir así el resto de sus vidas?

Póngase a pensar, ¿qué historia se están repitiendo con respecto al dinero? ¿Qué les está previniendo alcanzar ese éxito añorado? ¿Se dicen que ya es muy tarde para invertir? ¿Qué no tienen lo suficiente para ahorrar? Les aseguro que si invierten $0 hoy, tendrán $0 mañana, pero si comienzan con $1 y luego va sumando y sumando, van a tener mucho más que si nunca hubiesen comenzado.

En este libro están aprendiendo estrategias que muy pocos conocen. Seguro se burlarán de ustedes cuando las compartan, ciertamente de mí lo han hecho. Las personas tememos a lo que no conocemos. Primero nos asusta algo y luego al ver que es posible de realizar, vamos ganando un poco más de confianza. Ese instinto de supervivencia que tenemos nos pone en alerta de situaciones que nos pudiesen perjudicar. Creencias nuevas que pueden revolucionar el mundo son temidas porque la gran mayoría lo ve primero como una amenaza a una bendición. Cuando le preguntaron a Henry Ford (creador de los automóviles Ford) si él creó sus autos porque era lo que la gente quería el contestó: "lo que la gente quería eran caballos más rápidos".

Aquéllos que llegan con ideas revolucionarias son rechazados por la mayoría en sus inicios. Nosotros tememos a lo que no conocemos. Es más, inclusive muchos de ustedes que están leyendo rechazan ciertas ideas plasmadas en este libro. Es algo perfectamente normal, por ello no les pido que me crean todo al 100%. Prueben y vean qué resultados obtienen.

Cambien su historia, cambien sus patrones de conducta y mejoren su vida. Mi motivación es poderle dar a mi familia todas las comodidades que pueda y que no tengan que pasar por las experiencias que me han tocado a mí. Me rehúso a ser pobre y a no tener dinero, esto es algo que le he prohibido a mi mente.

Encuentren su motivación y háganle saber a su mente que van en serio. La libertad financiera está a unos cuantos pasos, pero nunca llegarán si no dan el primero.

3. Estado: El estado en el que se encuentran determina sus sentimientos y actos. Si están deprimidos, es más probable que tomen peores decisiones que si se encuentran animados. Es por ello que es importante divorciarse de su historia limitante un futuro próspero para ustedes y sus personas allegadas.

Esta motivación y deseo de prosperar hará que su estado cambie, lo cual los llevará a tomar las decisiones que han temido tomar por tantos años. Es hora de cambiar ese estado de no puedo a uno de certeza en que paso a paso, mediante pequeños ajustes a sus finanzas, estarán encaminándose hacia crear una nueva vida, la vida de sus sueños.

Capítulo 3

El Precio de Tus Sueños

Se han preguntado alguna vez, ¿cuánto dinero necesitan para alcanzar su libertad financiera? ¿$1 millón de dólares, $20 millones, $100 millones? Probablemente el número que tengan en su cabeza como monto ideal es mucho mayor del que realmente necesitan.

A mí me pasaba igual; el número que tenía en mi cabeza resultó ser aproximadamente 8 veces mayor que lo que realmente necesitaba. Es importante definir su número ya que cómo uno pretende alcanzar una meta si ni siquiera sabe cuál es.

Si el número que tienen en su cabeza es de $5 millones de dólares, lo cual puede parecer muy distante en estos momentos, es posible que se digan a sí mismos que nunca alcanzarán esta cifra y por ende nunca tendrán una libertad financiera. ¿Qué sucediera si luego de hacer los cálculos que les enseñaré en este capítulo, se dieran cuenta de que solamente necesitan $1 millón? Puede resultar también un poco distante en estos momentos, pero al ver que es 5 veces menor de lo que pensaban, la cifra se hace más real y alcanzable.

Conozco muchas personas con deudas que no tienen idea de cuánto deben. Saben que adeudan dinero, pero les cuesta mucho contabilizar todo ya que les asusta el monto con el que se pueden encontrar. Esta barrera mental que se auto imponen es tan fuerte que se han creado un miedo de enfrentarse con su realidad. Piensan que simplemente si no contabilizan todo lo que deben, no será tan real como al ver los números con detalle.

Lo que estas personas no han logrado comprender es que necesitan hacerle frente a este obstáculo para poder vencerlo. Mi sugerencia a las personas que se encuentran con estas dificultades de deudas es que detallen toda deuda que tengan, mírenla fijamente y decidan que van a conseguir repagarlas. Determinen el monto que necesitan y van separando en orden de importancia lo que se debe ir pagando. No se tiene que pagar todo a la vez, pero es importante listar cuáles deudas son prioritarias, cuáles pueden esperar e inclusive negociar. Los miedos y temores no se deben ocultar, se deben enfrentar, honrar y aceptarlos. Esto hará que inconscientemente nuestro cerebro comience a trabajar en base a un plan de acción de salir de ellos, no de vivir esclavizados por los mismos.

Volviendo al tema de las fórmulas para calcular sus números hacia la libertad, a continuación, les presento estos escenarios que aprendí de Tony Robbins, los cuales les pueden servir para su vida financiera.

Estos distintos escenarios les permiten calcular el precio de sus sueños. Al igual que con el pago de las deudas, no tienen que conseguirlos todos a la vez. Determinen cuáles son los que realmente desean en estos momentos y definan cuál es el número mágico que les permitirá tener todo lo que desean en la vida a nivel económico.

Sueño #1: Seguridad Financiera

¿Cómo se sentirían si los cinco siguientes escenarios estarían completamente cubiertos por el resto de sus vidas sin necesidad de trabajar?

1. Hipoteca de la casa: estaría completamente cubierta, no necesitarían pagar nada por su casa.

2. Servicios Públicos del hogar: todos los servicios y cuentas estarían pagadas de por vida.

3. Toda la comida que ustedes y su familia pudiese necesitar por siempre.

4. Todos los gastos asociados con transporte.

5. Todos los costos de seguros, ya sea vida, hospitalización, etc.

Les aseguro que, con tan sólo cubrir las cinco necesidades mencionadas en el párrafo anterior, su vida cambiaría por completo y gozarían de una inmensa libertad económica.

¿Recuerdan que les pregunté sobre su número mágico para su libertad financiera? Es muy probable que el monto que necesitan alcanzar para obtener este sueño de seguridad financiera es mucho menor al que piensan deben tener.

No quiero que dejen pasar este momento y que hagan el ejercicio. Es de vital importancia para que pongan un monto real a su número que los liberará y así comiencen a encaminarse en la dirección correcta.

Tomen una hoja, su celular, computadora o cualquier método que usen para escribir, calculen sus gastos actuales para la lista debajo y llenen los espacios correspondientes:

1. Hipoteca o Alquiler: $ _____ mensual

2. Comida del hogar: $ _____ mensual

3. Gas, electricidad, agua, etc. $ _____ mensual

4. Transporte: $ _____ mensual

5. Seguros: $ _____ mensual

                           Total: $ _____ mensual

Total de Gastos Mensuales: _____ X 12 = _____ anual

Antes de seguir con los siguientes sueños, quiero hablarles de la importancia de tener un fondo de emergencia. Es altamente recomendable que puedan tener en efectivo, ya sea en el banco o en posesión de ustedes (esto sería mucho mejor ya que si el banco cerrase o ocurriese alguna crisis financiera, podrían no tener acceso a sus fondos y el efectivo les salvaría temporalmente) un monto equivalente entre 3 a 12 meses de los gastos mensuales que necesitan para vivir cómodamente.

Por darles un ejemplo, si sus gastos mensuales son de $3,000.00, es recomendable tener entre $9,000.00 a $36,000.00 en ese fondo de emergencia. Ese fondo solamente se utilizará para emergencias así que no lo gasten ni inviertan en nada. Ese dinero efectivo es el que se debe tener como un Plan B en el evento de que pierdan su trabajo, alguna emergencia familiar, situación de crisis, etc. Este dinero es el que les ayudará a sobrevivir cuando lo necesiten; es mejor tenerlo y no necesitarlo que necesitarlo y no tenerlo.

Sueño #2: Vitalidad Financiera

Este sueño es el que incluye la Seguridad Financiera del Sueño #1 y también algo de dinero extra para que puedan también divertirse sin necesidad de trabajar.

¿Les gusta ir al cine? ¿Teatro? ¿Televisión por Cable, conciertos, etc.? ¿Son de los que les gusta salir a comer a restaurantes? ¿Darse pequeños lujos como membresías de gimnasios, masajes, clubes, etc.?

¿Cómo les suena la idea de que por lo menos la mitad de esos gastos de entretenimiento que se les puedan ocurrir estuviesen cubiertos de por vida sin necesidad de trabajar? Seguro que suena como algo difícil de creer, pero realmente es posible.

Así es como pueden calcular la Vitalidad Financiera:

1. **Mitad de lo que se gastan en ropa:** $ _____ mensual

2. **Mitad de lo que se gastan en cenas y entretenimiento:** $ _____ mensual

3. **Mitad de pequeños gastos o lujos:** $ _____ mensual

4. **Total de estos nuevos montos:** $ _____ mensual

5. **Monto Seguridad Financiera:** $ _____ mensual

6. **Total para Vitalidad Financiera:** $ _____ mensual

7. **Total Anual para Vitalidad Financiera:** _____ X 12 = _____ anual

Sueño #3: Independencia Financiera

¡Felicidades! Alcanzar este sueño significa que no tienen la necesidad de trabajar más y aún así mantener el mismo nivel de vida que tienen hoy en día. El total de los intereses que reciban sobre sus ahorros e inversiones (Fondo de Libertad) generarían lo suficiente para cubrir todos los gastos que mantienen actualmente sin desmejorar la calidad de vida.

Alcanzar la Independencia Financiera significa que ya no trabajan para el dinero sino el dinero trabaja para ustedes. Pueden seguir trabajando si quieren, pero ya no hay una preocupación por generar para cubrir gastos, todo está cubierto de por vida.

Este número es fácil de calcular ya que la mayoría de las personas gasta todo lo que gana. Si ganan $100,000.00 al año y gastan $100,000.00, su monto para la Independencia Financiera es $100,000.00. Si ganan $100,000.00 pero gastan solamente $80,000.00, su número mágico es $80,000.00. Hagan sus cuentas de cuánto gastan anualmente manteniendo su estilo de vida actual y ese es el monto necesitado para la Independencia Financiera.

Una vez terminemos estos ejercicios, les mostraré cómo hacer los cálculos para los ingresos necesitados para vivir el sueño que escojan.

Sueño #4: Libertad Financiera

Una vez se hayan librado de todos los gastos para mantener su mismo nivel de vida actual, ¿Cómo les suena liberar un poco más su estilo de vida? Deben preguntarse, ¿cuánto necesito ganar anualmente para darme el estilo de vida que me merezco? ¿Para qué quieren ese dinero? ¿Para viajar? ¿tener una casa más grande? ¿una vivienda vacacional? Tal vez quieran un yate o un carro de lujo con el que sueñan. Otros podrán querer contribuir más a su comunidad, caridad, etc.

Así es como pueden hacer sus cálculos:

1. Lujo #1: _____ $ _____ mensual

2. Lujo #2: _____ $ _____ mensual

3. Donaciones: _____ $ _____ mensual

4. Monto Independencia Financiera: $ _____ mensual

5. Total para Libertad Financiera: $ _____ mensual

6. Multipliquen por 12 esa cifra: $ _____ anual

Pueden añadir cuantos renglones deseen a esta lista. Ustedes son los únicos que saben lo que se merecen así que hagan su listado, saquen sus calculadoras y escriban los números. Una vez obtengan el total, ya saben cuánto necesitan recibir anualmente para cubrir todos sus gastos básicos, gastos de entretenimiento y todos los lujos que quieran darse.

Para conocer cuánto deben tener en sus inversiones o ahorros para que les genere los montos que necesiten, simplemente hagan el siguiente cálculo:

$$\frac{\text{Monto del Sueño Escogido}}{\text{Retorno de sus Inversiones y Ahorros}} = \text{Monto Necesitado}$$

Ejemplo: Si para alcanzar la Libertad Financiera necesitan $200,000.00 al año (monto final del sueño #4), invirtiendo en productos conservadores que paguen un 5% de retorno al año (es importante buscar productos con costos bajos para que no afecten su retorno), necesitarían tener el siguiente monto en inversiones para alcanzar este sueño:

$$\frac{\$200,000.00 \text{ (Sueño Libertad Financiera)}}{5\% \text{ Porcentaje de Retorno}} = \$4,000,000.00$$

Según el ejemplo anterior, si recibiesen un retorno de 5% anual sobre sus inversiones y ahorros, necesitarían tener $4 millones de dólares invertidos para generar un ingreso anual de $200,000.00 y así cubrir con todo lo que incluya su sueño de Libertad Financiera. Utilicen estos escenarios para calcular cuánto necesitan tener en cada uno como monto total para poder generar los ingresos que necesitan. Esperar un rendimiento sobre sus inversiones de entre 3% al 5% es conservador, pueden usar esas cifras como modelo para calcular cuál es su cifra ideal.

Hoy en día los bancos no pagan casi nada en intereses, pero ha habido periodos en los que los bancos han llegado a pagar hasta 10% de intereses o más. Si les toca atravesar por uno de estos periodos de altas tasas de interés y toman ventaja de ello, la cifra que necesitan tener como monto invertido podría reducirse. Por ejemplo: si antes necesitaban $4 millones de dólares recibiendo un interés de 5% sobre su inversión y las tasas suben a 10%, ahora necesitarían $2 millones de dólares solamente.

Como anécdota personal, el monto que yo tenía en mi cabeza (antes de hacer este ejercicio) al cual debía alcanzar en inversiones para poder alcanzar mis sueños era más de 10 veces mayor al que realmente necesito. Se podrán imaginar cómo me sentí al darme cuenta que una cifra que me parecía astronómica, se hizo más real al calcular verdaderamente cuánto necesito para darme a mí y a mi familia la vida que nos merecemos.

Una vez hayan terminado este ejercicio, escojan los dos que mejor les parezca y tengan esos montos en la mira. Ya saben sus cifras, es muy probable que sea montos mucho menores a los que pensaban necesitaban y este es el primer paso hacia sus sueños. No se puede alcanzar un sueño si no se tiene claro cuál es…ya lo tienen anotado y grabado.

Estoy muy orgulloso de que hayan llegado hasta esta página. Esto significa que realmente quieren hacer un cambio en sus vidas y por lo menos están dispuestos a considerar nuevas estrategias para alcanzar esa libertad financiera. La mayoría de las personas en el mundo no conocen o no tienen interés alguno por hacer el esfuerzo que ustedes han hecho leyendo este libro y es por ello que la mayoría de las personas en el mundo vive esclavizada por las deudas y nunca salen de ese ciclo de pobreza y preocupación financiera.

No crean todo lo que les digo, hagan el ejercicio de preguntarle a sus amistades si saben cuál es el monto que necesitan acumular para alcanzar esas libertades. Les aseguro que la gran mayoría o les dirá un número al azar sin fundamento alguno o simplemente dirán que no saben. No sean uno más de la gran mayoría que no sabe cuál es el precio de sus sueños, sean de aquellos que los alcanzan y disfrutan la vida al máximo.

¿Cuál Es Tu Plan?

Ahora que se encuentran en este punto del libro, en el que han aprendido sobre distintos pasos hacia la libertad financiera, tienen herramientas que les pueden redefinir su futuro monetario. Ahora es el momento de elaborar el plan a seguir, ese mapa que los llevará por el camino de la prosperidad hacia una vida libre de deudas.

Deben de aprender a vivir la vida bajo sus términos. Dejar de compararse con el vecino, con el que pareciese que tiene más que ustedes o que ha alcanzado mayores logros. Todos tenemos nuestro propio camino; si se enfocan en estar pendiente del de al lado, se pasarán toda la vida envidiando en lugar de emplear ese mismo tiempo y energía en hacer lo que les apasiona. La vida no es una competencia, no hay primer ni último lugar. Muchas personas pasan la vida acumulando dinero para demostrar a los demás lo mucho que tienen. No se enfoquen en querer probarse ante los demás, ante el único que deben probarse es ante ustedes mismos.

Es muy tentador ver al de al lado y compararse. Ya sea que él o ustedes estén mejor, se siente una cierta satisfacción el ver que estamos mejor que otros. Es esta actitud la que los llevará a la ruina porque la validación no viene de ustedes mismos sino de la búsqueda de aprobación de los demás. ¿Importa que otros los vean como íconos si ustedes se sienten deprimidos con su vida? ¿Importan los trofeos si son de un deporte que detestan? Encuentren qué es lo que los apasiona y métanse de lleno. No hay mayor satisfacción laboral que levantarse todos los días emocionado por ir a su trabajo y no con ganas de que ya llegue el fin de semana.

Mi sugerencia de un plan que pueden implementar es el Plan del Fondo de Libertad. Este Fondo de Libertad es un porcentaje de sus ingresos que destinarán para su futuro. Más adelante aprenderán distintas opciones de inversión al igual que el principio de las canastas. Este Fondo de Libertad es su tiquete dorado hacia la libertad financiera.

En este Fondo de Libertad se debe destinar no menos del 10% de sus ingresos. Si sienten que 10% es mucho, comiencen con 5% pero intenten aumentarlo al 10% lo antes posible. Este fondo estará destinado para sus distintas inversiones y no debe tocarse salvo caso de emergencia. Deben enviar a este fondo el porcentaje acordado de todos los ingresos que reciban. Si pueden hacerlo automático es mejor ya que sino está la tentación de gastarse ese dinero en cualquier otra cosa.

Lo primero que deben hacer al recibir su salario o cualquier ingreso adicional es pagarse a ustedes mismos. Antes que cualquier deuda, la deuda con su futuro va primero. Transfieran ese porcentaje al fondo de libertad y en los capítulos siguientes encontrarán maneras de cómo pueden utilizarlo para planificar su futuro.

Ahorren Más e Inviertan la Diferencia

Como mencioné anteriormente, traten de que de todo lo que reciban puedan destinar un porcentaje a ese fondo de libertad. Evalúen sus gastos mensuales y analicen en cuáles pueden ahorrarse algo de dinero. Ese ahorro que logren obtener es dinero con el que no contaban antes, destínenlo para su fondo de libertad también.

Algunos ejemplos de cómo pueden reducir gastos son:

1. Combustible: Si tienen carro, pueden buscar grupo de amigos o vecinos que trabajen cerca o en la ruta de ustedes y compartan el transporte. En vez de viajar en 3 carros, túrnense una semana cada uno y así ahorran en combustible y mantenimiento del carro.

2. Hipoteca o Préstamos Bancarios: Una herramienta que pueden utilizar que les puede ayudar a reducir hasta por la mitad el plazo de los préstamos que tengan es hacer abono a capital. Normalmente las personas pagan la letra del préstamo al banco. Esta letra contiene un porcentaje a capital y otra a intereses. Los intereses son los que terminan incrementando lo que se le paga al banco de manera sustancial. Hagan aportes al capital por adelantado y así el monto del préstamo reduce y por ende los intereses también. Si cada mes aparte de la letra que pagan, hacen un aporte extra a capital, los intereses del siguiente mes serán menores. Les aseguro que inicialmente no parecerá mucho, pero con el tiempo, podrán recortar una hipoteca de 30 años a un plazo mucho menor sin necesidad de un esfuerzo muy grande.

Otra sugerencia en cuanto a préstamos hipotecarios, es que pidan al banco que les permita hacer pagos de la letra de manera bisemanal en vez de mensual. El objetivo es que cada dos semanas paguen la mitad de lo que corresponde mensualmente (sigue siendo el mismo desembolso mensual, la diferencia es que lo pagan por mitades). El sólo hacer esto causará que, a fin de año, hayan pagado una cuota adicional a la hipoteca sin haberlo sentido mucho financieramente. Al hacer este extra pago durante los años, podrán también reducir el monto del préstamo de manera más rápida y así salir de su deuda antes y no pagar tantos intereses.

Les adelanto que a los bancos no les gustan estas estrategias ni lo van a ofrecer ya que no les conviene a ellos. Les sugiero hablar con sus distintos bancos en sus respectivos países y evaluar qué les permiten y así planificar la estrategia que mejor les convenga.

3. Carro: En vez de manejar el último modelo del año y endeudarse por él, busquen un carro que les economice y tenga mantenimientos más baratos. Yo solía tener un BMW que me encantaba, pero cada vez que iba al taller, el mantenimiento no bajaba de $400 dólares. Como no uso mucho el carro, sino que por lo general camino a mi oficina o a lugares cercanos, decidí cambiar el carro a un modelo más económico que me consume menos gasolina y los mantenimientos me cuestan MENOS de lo que pagaba antes. Este dinero que me ahorro hoy se puede convertir la base de un futuro económico mejor. Cuando alcancen su libertad financiera, podrán comprarse el carro que deseen; aprovechen hoy para economizar lo más que puedan y así disfrutar mucho más en el futuro.

4. Salidas a Comer: En vez de comer tanto en sitios fuera de casa, aprendan a cocinar platos sencillos y hagan sus propios alimentos. Aparte de ser más saludable, se sorprenderán de cuánto se pueden ahorrar si comen más en casa y menos fuera de ella.

5. Compras Diarias: Pequeñas compras diarias como café, cigarrillos, revistas, periódicos y demás reflejan un gasto pequeño, pero al hacerlo con frecuencia, puede sumar montos importantes que les afecta su presupuesto financiero. Me ha pasado en ocasiones que comienzo la semana con un monto de dinero y al finalizar, me he quedado sin nada y ni cuenta me doy.

Es por ello que les sugiero hacer el siguiente ejercicio: por 7 días, lleven un registro de todos los gastos que hacen al día. Les aseguro que, al llegar el último día, se sorprenderán de cómo en cosas tan irrelevantes uno gasta pequeños montos pero que a la larga son significativos. Este ejercicio me ha ayudado a mí a dar seguimiento a mis gastos diarios y me ha permitido evaluar gastos mínimos que he podido reducir y tener más dinero para cosas más importantes.

6. Tarjetas de Crédito: En el año 2015 salió un reporte en Panamá en el que se indicaba que las deudas de tarjetas de crédito ascendieron a $1,446,000,000.00 de dólares en un país de menos de 4 millones de habitantes. Las tarjetas de crédito son una herramienta bancaria que termina destruyendo la economía de la familia. Son tan fáciles de conseguir, pero se vuelve tan difícil salir de ellas debido a sus altos intereses.

Las tarjetas de crédito nos dan la falsa realidad de dinero. Solo las pasamos en distintos comercios y listo, compramos cosas que tal vez no necesitamos solo por el hecho de que tenemos la facilidad, sin realmente analizar la parte monetaria del asunto y de cómo puede afectar nuestra economía.

Mi sugerencia en cuanto a las tarjetas de crédito es que las usen lo menos posible. Utilicen más efectivo, así sentirán más cuando gasten y lo pensarán dos veces antes de hacer algo innecesario. Enumeren cuánto es su deuda en tarjetas (aunque sea una suma enorme, enfréntenla) y pónganse como objetivo ir bajando esa deuda en el plazo más rápido posible. Al lograr salir de su deuda, guarden o cancelen esa tarjeta y no la utilicen. El escenario ideal para ustedes (y no para el banco) es que, al usar la tarjeta, paguen de inmediato lo que gastaron. Si dejan que se acumule, es entonces dónde el banco se pone feliz y los intereses que les cobran mensualmente les terminan sacando más dinero del que les entra.

Establezcan como objetivo salir de esta deuda. Esta es una de las deudas más tóxicas que alguien puede tener. Resistan a la tentación de los extra financiamientos, de las nuevas tarjetas, de los aumentos de crédito y de cualquier otra herramienta que usan los bancos para hacer más dinero a costas de ustedes. Les aseguro que entre más efectivo comiencen a usar, sus gastos van a reducirse sustancialmente ya que no podrán hacer lo que las tarjetas les permiten, gastar más de lo que tienen.

Mis deudas de tarjeta de crédito llegaron a estar por encima de los $10,000.00 dólares y yo no tenía ni 25 años todavía. Me perdí en la ilusión de la falsa sensación de dinero cuando usaba mi tarjeta y me dejé llevar por la tentación de gastar en cosas que no necesitaba, cavando cada vez más un hueco crediticio más profundo.

Los bancos son muy inteligentes para hacer dinero, están listos para hacerle una llamada al cliente cuando ven que podría beneficiarse de un crédito y yo debo admitir que caí en ese juego. Me ofrecían extra financiamientos (como tenía el crédito de mi tarjeta al límite, me ofrecían darme más crédito a una tasa X, permitiéndome poder hacer más compras con mi tarjeta). En vista a que realmente no tenía una educación financiera, lo vi como buena idea y terminé hundiéndome más. Mis deudas aumentaban y aumentaban; por más que pagara los mínimos mensuales de la tarjeta, la deuda parecía nunca disminuir. Aquí fue un punto clave de aprendizaje, me di cuenta de lo peligroso que los intereses pueden ser y lo difícil que es salir de un ciclo de tarjetas de crédito.

Decidí con el tiempo apretar un poco mis gastos y comenzar a bajar las deudas en lo más que pudiera. Logré salir de la mayoría y hoy en día mantengo tarjetas de crédito, que procuro utilizar y pagar de inmediato para evitar intereses. Los entiendo si sienten que les es muy difícil cancelar la deuda de su tarjeta, yo estuve en su lugar también. Mi sugerencia es que elaboren un plan de pagos y traten de bajar esos saldos como prioridad ya que, de todos los préstamos bancarios existentes, las tarjetas pueden ser de los más dañinos y tóxicos.

Otra recomendación es que busquen negociar ya sea la tasa de interés o el monto de los pagos mínimos que tienen que hacer a su tarjeta. En mi experiencia, el tan sólo llamar al banco y decir que uno está en dificultades económicas y que quiere hacer arreglo de pago, puede funcionar de maravillas. Muchas personas no conocen que esto es posible ya que el banco nunca les informa, pero les aseguro que muchos bancos les podrán hacer algún arreglo de pago si lo piden. Puede que haga falta una, dos o más llamadas pidiendo llegar a un acuerdo, pero si persisten, esto puede representar ahorrarse una gran suma de dinero todos los meses.

¿Dónde Más Pueden Economizar?

Estoy seguro que, si se proponen apretar un poco el bolsillo hoy con el objetivo de ser ricos en el futuro, encontrarán varias alternativas de su día a día en las que pueden ahorrar. Todo lo que se ahorren úsenlo para su fondo de libertad, este fondo es vital y una pieza importante de su camino hacia esa prosperidad que tanto anhelamos.

Depende de dónde vivan, es prudente hablar con un asesor tributario que les presente opciones de cómo pueden ahorrar dinero en impuestos. Busquen las ventajas fiscales que sus países ofrezcan y vean cómo las pueden utilizar para su beneficio. Los impuestos son un gasto grande en la mayoría de las personas; aquéllos con recursos siempre encuentran maneras de cómo ahorrarse en impuestos ya que saben que esto hace una enorme diferencia en lo que reciben.

Como recomendación adicional, les sugiero tener una cuenta bancaria aparte destinada para impuestos. Una vez reciban ingresos, separen el impuesto correspondiente y envíenlo a esa cuenta. No toquen esa cuenta hasta su próxima declaración de renta ya que así cuando les llegue el monto a pagar, van a tener el dinero separado con antelación y no tendrán que preocuparse por ver de dónde sacan el dinero. Esto me pasó a mí una vez y es por ello que tomé la decisión de separar los impuestos a pagar en una cuenta que no toco y así evitarme un dolor de cabeza como el que ya atravesé una vez.

De igual forma si ya tienen cuentas de inversión, revisen los productos en los que inviertan y calculen todos los cargos que les cobran. Recuerden que pueden invertir en un fondo de acciones que les cobra un 2% al año o decidir buscar un índice que hace la misma función, pero por sólo 0.25% al año. Si reemplazan sus productos de inversión por unos más económicos, la cantidad de cargos que se podrán ahorrar es masiva.

Un último consejo en cuanto a inversiones es que la mejor inversión que pueden hacer es en ustedes mismos. Busquen aprender, crecer, superarse y mejorar cada día como ser humanos. El invertir en ustedes ya sea a través de cursos, clases, viajes, eventos o cualquier sector que les permita crecer, les permitirá conocer nuevas opciones y oportunidades que el mundo ofrece. Al invertir en ustedes y hacerse cada vez más conscientes de lo que está allá afuera (es un mundo enorme, aunque a veces no parezca), podrán encontrar nuevos caminos que les permitan aumentar sus ingresos y expeditar el camino hacia su vida llena de prosperidad financiera.

Ahora que ya saben cómo calcular su cifra ideal y aprendido algunas maneras de cómo economizar y cómo implementar su fondo de libertad, pasemos a hablar sobre la estrategia de las canastas y cómo diversificar sus inversiones para construir las bases de su planificación financiera.

Capítulo 4

Escoge Tu Canasta

¿Han escuchado el dicho de no pongas todos los huevos en una sola canasta? Este dicho aplica al 100% al momento de una planificación financiera. Si tienen todo en una canasta y se les rompe, podrían perder todo lo que han acumulado a lo largo de los años. Cualquiera puede hacerse rico, lo difícil es mantenerse rico.

Estadísticamente, aproximadamente un 90% de los que se han hecho millonarios en la lotería se gastan su fortuna en un periodo de 5 años o menos. Personas que de la noche a la mañana se hicieron multimillonarias, pierden todo lo que ganaron y aún más por no tener una planificación financiera adecuada.

No es mi intención decirles en qué o en qué no invertir, pero sí es mi deber el presentarles distintas alternativas para que ustedes tengan un mapa más claro en su camino hacia una vida libre de deudas.

Existen numerosas historias de personas que apostaron a una acción todo su dinero, fueron millonarios por unos breves momentos y luego la acción cayó tanto que perdieron todo su dinero. Muchas personas conocen el dicho de no tener todo en una sola canasta, pero muy pocos realmente lo respetan. La ambición, codicia y las ganas de ganar más de la manera más rápida posible, nos lleva en muchas ocasiones a tomar grandes riesgos y cometer errores que nos terminan saliendo más caros.

He notado que muchas buenas personas usualmente fracasan porque hacen lo correcto en el momento incorrecto. Algunos compran una casa pensando que es la mejor decisión para su hogar y luego el mercado colapsa ese año y el valor de su propiedad disminuye sustancialmente. Como no tenemos esa bola de cristal y sabemos que en algún momento nos vamos a equivocar, ¿cómo nos podemos proteger? Es aquí donde la diversificación de los activos entra en juego.

El concepto de las canastas es muy simple. Cada canasta constituye una serie de inversiones que les permitirá diversificar su dinero y así tener una protección sólida, pero a su vez un crecimiento de su dinero. Existe una canasta de seguridad, otra canasta de crecimiento y una tercera canasta que contiene sus sueños. Ustedes deciden qué porcentaje de lo que reciben iría en cada canasta, todo depende del nivel de riesgo que estén dispuestos a tomar en estos momentos.

Si ustedes ganasen $100 dólares y luego perdiesen $50, aún tendrían $50 pero esa sensación de pérdida privaría sobre la felicidad de haber ganado algo. Ese placer de la victoria usualmente es opacado por la mala sensación de la derrota y es por ello que el perder dinero es un factor que nos puede golpear muy duro. Es por ello que la canasta de seguridad es vital; aunque no ganen tanto como en la canasta de crecimiento, es la base de su fondo hacia la libertad financiera.

A continuación, les voy a desglosar distintas alternativas de inversión que caben dentro de las distintas canastas para que ustedes decidan cómo invertir su dinero. Antes de hacer su siguiente inversión pregúntense, ¿esto va dentro de mi canasta de seguridad o mi canasta de crecimiento?

Canasta De Seguridad

En esta canasta van los huevos (sus activos) orientados a darles una paz mental. Si esta fuese la carrera de la liebre y la tortuga, los activos de esta canasta serían la tortuga. Irían despacio pero poco a poco acercándose a la meta. Esta canasta es el templo sagrado de sus ahorros e inversiones porque lo que entra aquí, no sale.

1. Efectivo: En algún punto de nuestras vidas, cada uno de nosotros necesitará un colchón que cubra nuestras necesidades en caso tal tengamos una emergencia o alguna pérdida repentina de nuestro ingreso.

En momentos de crisis, es bueno tener liquidez y el efectivo es un instrumento que nos permite sobrevivir y poder mantenernos a flote mientras pasa la tormenta. Una vez que decidan cuánto dinero en efectivo desean tener (lo ideal sería para cubrir sus necesidades de entre 3 a 12 meses), es importante escoger dónde tenerlo. Si escogen un banco, es importante que sea uno de buena reputación, solidez financiera y que les de seguridad. Hay muchos bancos que prometen altos intereses y muchos otros beneficios para compensar el riesgo de los que ahorran en sus instituciones. Para el efectivo a tener en la canasta de seguridad, entre más aburrido y seguro sea el banco es mejor. También es recomendable tener dinero en efectivo en sus casas o en algún sitio seguro que no sea un banco. Si hubiese alguna eventualidad y los bancos no abriesen o los cajeros automáticos no funcionasen por unos días, por más dinero que tengan en él, no lo van a poder usar así que les recomiendo tener un poco de efectivo a su alcance.

2. Bonos: Los bonos son promesas de pago sobre un préstamo. Si una empresa emite un bono, el que compra el bono le presta dinero a esa empresa a cambio de un porcentaje llamado cupón más el dinero de regreso a la fecha de vencimiento del bono.

Existen distintos tipos de bonos, unos que pagan más que otros y que también tienen más riesgo. Los gobiernos también emiten bonos, pero se debe ver qué gobierno es el que lo respalda. Un bono de Grecia puede pagar más que un bono de Alemania, pero el riesgo de que al inversor no le paguen es más alto en Grecia que en Alemania. Para su canasta de seguridad, entre más aburrido, mejor.

3. Plazos Fijos: Estos certificados que ofrecen los bancos, pagando un interés a cambio de que depositen su dinero por ciertos plazos son alternativas para su canasta de seguridad. Aunque hoy en día los intereses no son muy altos, tener un poco de su dinero en plazo fijos les permite diversificarse y a su vez recibir un porcentaje de intereses sobre su dinero. Como sugerencia, no usen a un mismo banco para tener todo su dinero. Si tienen el efectivo con uno, tomen un plazo fijo con otro. Diversifiquen de igual forma entre bancos para así reducir su riesgo.

4. Vivienda: Su casa o apartamento o dónde sea que vivan es un activo sagrado. Si es posible comprarlo al contado, mejor. Si se da el caso que están con una hipoteca, igual considérenla como parte de su canasta de seguridad. No utilicen su vivienda como garantía para obtener dinero para otras inversiones. Si a esas inversiones les va mal, pueden perder tanto el dinero recibido como el lugar donde viven. Si es necesaria la hipoteca, intenten conseguir una tasa de interés fija y así mantenerla congelada por el mayor periodo de años posible. Muchos bancos ofrecen una tasa fija que usualmente es más alta que la tasa variable que ofrecen en ese momento, pero al tener una fija, garantizan que esa será la tasa por el plazo de la hipoteca y se evitan el dolor de cabeza de que las tasas suban a lo largo de los años y que el banco les suba también las tasas a ustedes en esa misma proporción.

5. Pensión: Si tienen algún fondo de jubilación tanto público o privado, esto va dentro de esta canasta. Aunque ustedes sean excelentes inversores, consideren este activo como algo conservador y básico que puede ser una buena alternativa para su fondo de seguridad.

6. Póliza de Vida: Tengan por lo menos una póliza de vida. Si ustedes fallecen, por lo menos déjenle algo a sus familias para poder vivir temporalmente. Para calcular la suma asegurada que deberían tener en su póliza de vida, les recomiendo usar la siguiente fórmula:

Salario Anual X 10 = Suma Asegurada Recomendada

Es decir, si ganan $1,000.00 dólares al mes, esto equivaldría a $12,000.00 dólares al año. Cuando multiplican su salario anual por 10, en este ejemplo les daría $120,000.00. Ese monto es el recomendado tener como suma asegurada mínima para que le puedan dejar a sus beneficiarios un monto que les ayude a salir adelante cuando ustedes fallezcan.

En la primera versión de mi libro recomendaba las pólizas de vida con componente ahorro. Estuve haciendo cálculos de la póliza que tenía y me di cuenta que el retorno que garantizaban (en mi caso 4%) era mucho menos del 4% ya que deducían mucho dinero en cargos de la compañía de seguros. Al darme cuenta que realmente estos productos tenían cargos muy altos, procedí a cancelarla de inmediato.

Lo que recomiendo en cuanto a pólizas de vida es tener una póliza simple con un término de años (es decir, que vencerá en la fecha que ustedes escojan al comprarla) y que no tenga ningún otro componente ni complicación. Que sea una póliza de vida lo más sencilla posible y tenerla como parte de la canasta de seguridad.

Canasta De Crecimiento

Esta es la canasta más popular, la que todos quieren tener. Esta es la canasta sexy, emocionante, la que puede dar retornos altos pero la que también puede hacerles perder todo.

¿Cómo se esto? Lo sé porque todos los mercados tienen ciclos que se repiten a lo largo de los años. Algunos periodos los mercados estarán bien y en otros los mercados estarán mal. En esta canasta puede haber un potencial ilimitado para ganar, pero también un potencial ilimitado para perder. Estos son algunos de los activos que pueden considerar para esta canasta:

1. Acciones: Las acciones son instrumentos altamente volátiles. Aunque sean acciones de compañías sólidas, si hay alguna corrección en los mercados, las mismas pueden terminar sufriendo arduamente.

Muchas personas invierten en ETF's (siglas de los Exchange Traded Funds). Estos son instrumentos financieros que se pueden comprar y vender como las acciones en la bolsa de valores) de acciones ya que son instrumentos muy populares. Mi sugerencia es que escojan índices en vez de ETF's ya que son más económicos y con menos riesgo. Al comprar un ETF ustedes no compran acciones de las empresas en las que invierte, sino que compran acciones de un vehículo que invierte en distintos productos.

¿Deberían invertir en ETF's? Esto depende del apetito que tengan. Si su apetito es para el trading, estos productos les funcionan, pero si desean invertir en sectores a un bajo costo, los índices son mejores.

2. Bonos de Alto Rendimiento: También se les llama bonos basura o junk bonds. Estos tienen una baja calificación y pagan altos rendimientos porque llevan un alto riesgo.

3. Bienes Raíces: Siempre existen oportunidades en el mercado inmobiliario. Ya sea el comprar una propiedad para alquilarla y generar un flujo de efectivo o simplemente para venderla por un precio más alto a un corto plazo, es importante evaluar el mercado en el que deseen invertir. Existe un riesgo de liquidez en el que inviertan su dinero en una propiedad y luego no la puedan vender ni alquilar o que la misma caiga tanto de valor que terminan pagando una hipoteca alta por una propiedad barata. Otra opción de bienes raíces son los llamados REIT's (Real Estate Investment Trusts). Estos productos son dueños de distintas propiedades y les permite diversificarse en el mercado de bienes raíces a través de ellos. Los mismos funcionan como las acciones y pueden comprarlos fácilmente.

4. Commodities: En esta categoría incluyo al oro y la plata (aunque en tiempos de crisis monetarias se comportan como dinero y no como materia prima), petróleo, gas, café, algodón y demás. Aunque el oro es un activo que ha servido como refugio y protección de patrimonio a lo largo de los años, no lo meto dentro de la canasta de seguridad ya que tiene una volatilidad alta. En el caso que el mundo colapse, el tener oro y plata ayuda a protegerse y preservar el patrimonio, pero aparte de eso, pertenece a la canasta de crecimiento.

Siempre recomiendo tener un poco en oro como ese Plan B. Aunque no genera un rendimiento, es una guarida patrimonial y puede ser una póliza de seguros muy valiosa al momento de ajustes en los mercados. Más adelante verán el papel del oro en una estrategia de inversiones inigualable que tendrán a su disposición.

5. Monedas: Como todas las monedas son puro papel, al invertir en ellas se está especulando. Ya sea el Euro, la Libra, el Yen o cualquier otra, apostarles a ellas es algo no apto para cardiacos. El trading de monedas es bastante especulativo y las pérdidas pueden ser altas y rápidas.

6. Coleccionables: Arte, monedas, vinos, carros, antigüedades y más pueden ser buenas inversiones. Antes de entrar a cualquiera de ellas, es mejor asesorarse con un experto en ese rubro y puede que les tome un tiempo entenderle al mercado. Muchas personas han comprado obras que pensaban eran valiosas y realmente no valen casi nada.

7. Notas Estructuradas: Estos productos pueden ofrecer un 100% de protección de capital y calificar dentro de la canasta de seguridad, pero a su vez hay opciones en las que hay altos retornos y pérdidas así que prefiero incluirlas dentro de la canasta de crecimiento.

Existen distintos productos estructurados, entre ellos las notas, los reverse convertibles, CLN, etc. No entraré a detalles sobre cada uno de ellos, pero es mejor estudiar estos productos, conocer sus reglas del juego y términos antes de entrar en ellos. Conozco a pocos que son realmente expertos en ellos y si deseasen saber un poco más, me pueden contactar y con gusto les haré la introducción.

8. Negocios o Ideas de Negocios: Otra alternativa de inversión puede ser invertir en negocios que puedan generar ingresos recurrentes. Ya sea un negocio propio que deseen crear o invertir en ideas y proyectos a los que les vean un futuro prometedor y ser parte de ese capital semilla para comenzar. Solo recuerden que compañías como Apple y Google tuvieron inversores iniciales que hoy en día recuperaron su dinero y aún mucho más. Esto no quiere decir que todos los negocios alcanzarán los niveles de estos titanes de la tecnología, pero tengan la certeza de que, si esa idea resulta exitosa, podrán recibir ingresos recurrentes como un capital adicional a su patrimonio familiar.

Canasta De Los Sueños

¿Qué contiene esta canasta? Aquí es donde apartan un porcentaje de lo que generan para ustedes y para sus gustos. Ya sea viajar, un carro nuevo, joyas, ropa, etc. Esta es la canasta que los debe emocionar y motivar a querer ganar más para acumular más.

Piensen en las cosas que desean o sueñan y éstas son las que van en esta canasta. Este es el dinero para disfrutar y para premiarse por haber hecho tan buen trabajo con sus otras canastas. Sus sueños no están diseñados para darles una paga monetaria sino para darles una alta calidad de vida. Lo que pongan en esta canasta no tiene que ser solamente para ustedes, puede ser también para compartirlo con los demás. La mejor sensación que existe es darle a otro, los llenará mucho más que darse a sí mismos.

Ahora que conocen sobre el concepto de las tres canastas, ustedes deciden qué porcentaje va para cada una. Una vez que lo definan, manténganse con el plan y no se dejen llevar por influencias ni tentaciones. Si ustedes elaboran su plan de inversiones y diversifican sus canastas, podrán sobrevivir cualquier tempestad financiera y salir ganando tanto de los mercados en alza como a la baja.

Como última recomendación, aunque parezca más aburrido, comiencen llenando la canasta de seguridad. La mayoría de las personas comienza por la de crecimiento y sueños, olvidándose de tener una base sólida sobre la cual edificar sus finanzas. Si su canasta de seguridad no es fuerte, corren el riesgo de perderlo todo. Nunca dejen su canasta de seguridad olvidada, esta es la que contiene los huevos más valiosos y aquellos que los podrán sacar de aprietos en momentos de emergencia.

En lo personal, mi estrategia actual acordada con mi esposa es de 40/40/20. El primer 40% está destinado a nuestra canasta de seguridad; el otro 40% es para la canasta de crecimiento y el 20% restante está destinado hacia nuestros sueños. De todo ingreso extra que recibamos aparte del salario, nos guiamos por esta estrategia para así no perdernos en el camino ni tentarnos por gastar el dinero en algo que no necesitamos. Una vez aseguran su futuro financiero, pueden darse más lujos que los que se dan hoy en día.

En mis primeros años trabajando como asesor de bienes en una firma de asesoría de inversiones en Panamá, pude generar muy buenas comisiones vendiendo propiedades. Estábamos en pleno boom inmobiliario en Panamá y yo era un joven ambicioso sin conocimientos del dinero en lo absoluto. Gané muy buen dinero y gasté aún más. Hoy en día trato de recordar en qué me lo gasté y no tengo absolutamente idea. Es tan fácil gastar el dinero en cosas innecesarias y uno ni se da cuenta.

En mi colegio nunca me hablaron del dinero, en mi universidad tampoco. En mi casa mucho menos; es más, si un niño le pregunta a un adulto cuánto gana y en qué gasta su dinero, por lo general reciben un regaño ya que "no se debe hablar de dinero". Pues vaya que lo aprendí a la fuerza; como nunca me enseñaron a usar sanamente el dinero, terminé gastándolo en placeres momentáneos y no con una visión hacia el futuro. Hoy en día hubiese preferido haber comprado una propiedad en vez de haber comprado tanta ropa en el centro comercial. Lo que sucedió fue que recibí bendiciones monetarias de manera repentina y no supe manejar esa energía y por ello la perdí. Como nadie nunca me enseñó del tema, el Universo se encargó de enseñarme a la fuerza y es por ello que hoy en día poseo la conciencia que tengo con respecto al dinero.

No es tarde para nadie. No es malo hablar de dinero; como todo tema, siempre hay un lugar para hablar de él. Eliminen esas creencias que yo tenía sobre el dinero, no lo vean como un tabú sino como un tema muy importante. Es importante ya que, si ustedes no saben manejarlo, lo van a perder y terminará en manos de alguien que lo maneje mejor. Si no comienzan a hablar del dinero, a aprender cómo utilizarlo, cómo manejarlo, cómo moverlo, alguien más lo moverá de los bolsillos de ustedes a los de él.

Es importante definir un plan como el que les he mencionado en este capítulo. Ya sea que estén solteros, casados, divorciados, sean jóvenes, adultos o ancianos, nunca es tarde para comenzar y dar ese paso hacia una vida que ustedes controlen.

Cansado de Pagar Deudas

Capítulo 5

Portafolio Multi Estacional

Este capítulo contiene una de las revelaciones más grandes de las que he encontrado en mis estudios sobre estrategias financieras. Tony Robbins consiguió que uno de los titanes de la industria financiera mundial revelase una estrategia que cualquier persona puede seguir en su portafolio de inversiones para obtener una verdadera diversificación.

Ray Dalio es un empresario multimillonario norteamericano, fundador de Bridgewater Associates. Posee una fortuna de más de $15 mil millones de dólares y en su empresa se manejan más de $160 mil millones de dólares a través de sus estrategias de inversión.

Él es alguien que no nació rico pero su perseverancia y pasión por el mundo financiero lo llevaron a ser considerado uno de los administradores de inversión más grandes y exitosos del planeta. Hizo algo épico al conversar con Tony Robbins, le dio al mundo un mapa preciso hacia la libertad financiera, y es por ello que siento mi deber en este libro el de transmitirla y así le pueda llegar el mensaje a la mayor cantidad de personas posible.

El portafolio de inversiones sobre el cual aprenderán en este capítulo, les hubiese conseguido:

1. Retornos Extraordinarios: Un aproximado de 9.88% anual (neto de costos) por los últimos 40 años (1974 a 2013 que fue la última fecha del cálculo hecho en las investigaciones que encontré).

2. Seguridad Extraordinaria: Solamente tuvo seis pérdidas durante esos 40 años y el promedio de ella fue de 1.47%. Dos de esas seis pérdidas fueron de aproximadamente 0.03% o menos por lo que fue mínimo en comparación con lo que han sufrido los mercados financieros durante ese mismo periodo de tiempo.

3. Extraordinaria Baja Volatilidad: La mayor pérdida que se tuvo durante ese periodo fue de -3.93%.

¿Se pueden imaginar un portafolio de inversiones que perdió solamente 3.93% durante la crisis del 2008 cuando los mercados estaban más de 50% a la baja? Ray Dalio es uno de los administradores de inversiones más grandes que existe y fue lo suficientemente generoso de compartir su estrategia a continuación para que cualquiera de ustedes lo pueda replicar. Su empresa lleva más de 10 años sin aceptar inversionistas ya que cerró su fondo a nuevos inversores. Cuando sí aceptaba a inversionistas, les pedía un mínimo de inversión de $100 millones de dólares; solamente los grandes de verdad invertían y siguen invirtiendo con él y ahora ustedes tienen esa herramienta en sus manos. No desaprovechen este regalo que están por recibir.

Este reconocido inversionista es de aquéllos que sabe que se va a equivocar en algún momento por lo que se prepara para las eventualidades. Es por esto que el portafolio es Multi Estacional, porque lo divide en cuatro estaciones, las cuales no necesariamente ocurren en el mismo orden siempre, pero tienen muchas similitudes y tienden a repetirse. Él no se pregunta si habrá o no otra crisis o colapso financiero. Sabe que la habrá, pero lo que no sabe es cuándo y por ello este portafolio ayuda a prepararse ante tiempos difíciles y tiempos de prosperidad.

El portafolio de inversiones convencional, recomendado por más del 90% de los asesores financieros, sugiere tener un 50% en acciones y un 50% en bonos (60/40 o 70/30 si son más agresivos) pero dejemos el 50/50 como modelo para este ejemplo.

Esto quiere decir que si alguien invirtiese $10,000.00, colocando $5,000.00 en acciones y $5,000.00 en bonos, la lógica convencional diría que está diversificado. Esto es un completo error ya que para que a la persona le vaya bien, tiene que:

1. Desear que a las acciones les vaya bien.

2. Desear que a los bonos les vaya bien.

3. Desear que ambas inversiones no caigan al mismo tiempo cuando haya un colapso.

¿Notan alguna palabra en común entre los tres escenarios? A mí parecer, el solamente desear no es una estrategia muy sólida que digamos cuando se trata del futuro financiero de una persona y su familia.

Si siguiesen el ejemplo de diversificación de 50/50, realmente estarían asumiendo un riesgo de aproximadamente 95% en acciones ya que son instrumentos más volátiles que los bonos. Como tienen tanto en acciones y ellas son tan volátiles, un mal movimiento en el mercado les puede destruir su portafolio en unos minutos.

Según Dalio, cuando se evalúan la mayoría de los portafolios de las personas, los mismos tienden a rendir muy bien cuando los mercados están en alza, pero muy mal cuando los mercados caen. Esta estrategia convencional de diversificación no diversifica en lo absoluto, simplemente los prepara para perder eventualmente su dinero.

Si uno quiere ser el mejor, debe aprender de los mejores. Pregúntense a sí mismos, ¿a quién le hago caso en mi toma de decisiones financieras? ¿de inversiones? ¿Es esta persona a quien escucho alguien a quién admiro o alguien que ha conseguido lo que yo quisiera tener? No escuchen a cualquier persona, sigan a aquellos que ya son como ustedes quieren llegar a ser y aprendan de ellos.

En los párrafos siguientes tendrán una oportunidad de aprender una estrategia que matemáticamente funciona y que ha sido comprobada. En mi experiencia personal, cuando le comenté esto a varias amistades de la industria, todos me vieron como si yo no supiese de lo que estaba hablando. Esto es porque Dalio es del top 1%, el resto del 99% del mundo no tiene idea de que esta estrategia existe y mucho menos la creen. No se dejen influenciar por personas que solamente les quieren decir qué hacer o qué no hacer, sigan lo que ustedes sientan es lo mejor para ustedes.

Ya sea que decidan probar el portafolio a continuación o no, espero que de alguna manera les ayude a abrir su mente financiera y los haga cuestionarse malas decisiones que hayan tomado a la fecha, nunca es tarde para corregir y tomar el camino adecuado hacia una vida sin deudas.

Alto Crecimiento: Acciones, Bonos Corporativos, Commodities/Oro	Alta Inflación: Commodities/Oro, Bonos atados a la Inflación (TIPS)
Poco Crecimiento: Bonos del Tesoro, TIPS	Deflación: Bonos del Tesoro, Acciones, Oro (tiende a disminuir menos)

En su teoría, Dalio explica que existen cuatro escenarios que mueven el precio de los activos:

1. Inflación

2. Deflación

3. Crecimiento económico

4. Declive en el crecimiento económico.

Portafolio Multi Estacional

Ahora que conocen los cuatro escenarios o estaciones, es hora de conocer cuáles productos rinden mejor en cada una de ellas. Recuerden que a diferencia de las estaciones del clima que tienen una secuencia, estos escenarios no necesariamente ocurren en un orden por lo que esta diversificación permite una preparación ante cualquiera de ellas sin importar cuándo sucedan.

Según Dalio, estos son los porcentajes que deben colocar en el portafolio para obtener una verdadera diversificación:

- Acciones   30%
- Bonos del Tesoro Medio Plazo (7-10 años)   15%
- Bonos del Tesoro Largo Plazo (20-25 años)   40%
- Oro   7.5%
- Commodities   7.5%

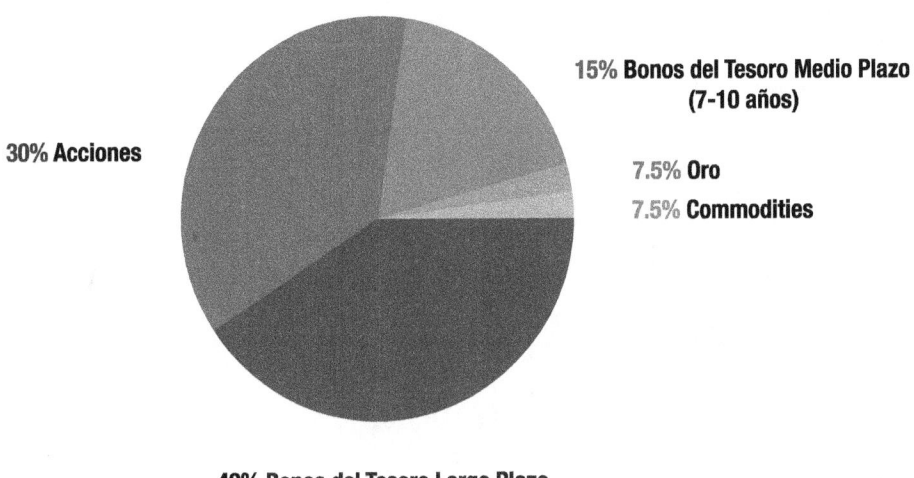

Aunque las acciones solamente corresponden a un 30% del portafolio, tengan presente que las mismas son tres veces más arriesgadas que los bonos. El porcentaje mostrado para los bonos tiene su fundamento en que al ser más conservadores que las acciones, reducen su volatilidad y balancean mejor el riesgo.

Tanto el oro como los commodities tienen una alta volatilidad, pero son instrumentos que suben de precio sustancialmente en periodos de inflación acelerada. En estos escenarios de inflación, tanto las acciones como los bonos pueden sufrir enormemente y es entonces cuando se activan los otros dos instrumentos para proteger al portafolio.

Finalmente, el portafolio debe ser re balanceado por lo menos una vez al año. Si un segmento subió más del porcentaje establecido, se debe vender el excedente para regresar al modelo original. Es importante no dejarse llevar por los sentimientos ni emociones sino ser frío en las decisiones y seguir el plan acordado.

Con este portafolio, no tienen que preocuparse cada vez que el mercado suba o baje. Ustedes tendrán una verdadera protección y solamente deberán preocuparse por revisarlo una o dos veces al año y mantener siempre los porcentajes mostrados anteriormente.

Capítulo 6

Planificación Patrimonial

¿Qué Se Debe Buscar En Las Inversiones?

Muchas personas les dirán que ellos invierten para recibir retornos, crecimiento o para tener activos, libertad, diversión, etc. Rara vez se escucha la respuesta clave y esa es **INGRESOS.**

Todos necesitamos un ingreso con el que podamos contar. Un flujo de efectivo consistente en nuestra cuenta bancaria nos permite cubrir nuestras necesidades y tener algo extra para nuestros lujos.

Cuando no se tiene un ingreso, el estrés entra en acción. Si se quedasen sin trabajo mañana, ¿cuánto tiempo podrían vivir sin necesidad de preocupación por el día a día? ¿Tienen algún tipo de ingreso recurrente que les permita trabajar por diversión y no por necesidad?

Aunque posean activos como propiedades, oro, bonos, acciones o cualquier otro, si hay una crisis de liquidez en los mercados como en el 2008, podrán tener mucho dinero en activos, pero poco en efectivo. Es importante tener un ingreso recurrente en efectivo que les permita tener un Plan B ante cualquier eventualidad. El portafolio Multi Estacional es una buena alternativa para colocar parte de su dinero en inversiones financieras, pero no debe ser su única estrategia. No pongan todos los huevos en una sola canasta.

Es importante que, al momento de hacer una planificación patrimonial, contemplen el invertir en activos o negocios que les puedan generar algún ingreso, adicional al ingreso de su trabajo del día a día. No metan todo en una cuenta de ahorros que hoy en día paga casi 0% de intereses, usen ese dinero para buscar oportunidades que puedan generar ingresos.

Cuando evalúen algún negocio, proyecto, idea o escenario que les presenten para que sean inversionistas, evalúen si les generará o no un ingreso. De nada sirve meter todo su dinero en un proyecto en el que no recuperarán nada en los próximos 5 años, buscan oportunidades que les generen por lo menos algún tipo de ingreso.

Si les interesa el tema de generar ingresos y les llama la atención el sector inmobiliario, les recomiendo que lean sobre Robert Kiyosaki. Él se ha especializado en buscar oportunidades que le generan ingresos recurrentes y logró pasar de alguien en la quiebra a un multimillonario que hoy en día se dedica a enseñar sus estrategias. Estuve en un seminario de él que hizo en Panamá y de todo lo que explicó, lo que más me hizo sentido a mí fue el hecho de la diversificación en activos que mantuviesen valor como el oro. Por primera vez lo escuché hablar mucho del oro y de la importancia de este metal como pieza clave de una buena diversificación.

Considero que es importante que, en el tema de planificación patrimonial, sepan separar su patrimonio familiar del patrimonio laboral. Es importante que los temas financieros personales estén debidamente separados. Existen vehículos como sociedades, fundaciones, trusts, pólizas privadas y demás que les otorgan una extra capa de protección. Siempre recomiendo a las personas lo siguiente:

1. Tengan parte de su dinero e inversiones fuera de su país de origen.

2. Tengan sus activos personales separados de los activos de la empresa o negocio que tengan.

El primer punto lo recomiendo ya que vivimos en un mundo volátil en el que uno nunca sabe que acontecerá en el país donde vive. Países como Venezuela eran completamente libres económicamente y luego cambió un gobierno que mudó las reglas del juego. Muchas personas tenían mucho dinero dentro del país, pero no hallaban maneras para sacarlo y perdieron sus fortunas.

Los gobiernos pueden implementar medidas restrictivas como en Brasil o Argentina, limitando la posibilidad de obtener monedas como el dólar norteamericano y poniendo muchas trabas para poder sacar dinero del país.

Aunque el lugar donde ustedes vivan actualmente ofrezca una seguridad muy alta, esto no quiere decir que siempre será así. No saben si en un futuro tendrán que salir de su país y dejar todo atrás y si no tienen un colchón dónde caer, les tocará comenzar una vida desde cero.

Es vital que abran alguna cuenta bancaria en un banco seguro y en un país que no sea el de ustedes. Aunque no tengan mucho en esa cuenta, es mejor tener un poquito a no tener nada. Las regulaciones en los países pueden cambiar rápidamente y si no están preparados, los pueden agarrar desprevenidos y perjudicarlos enormemente.

Busquen abrir una cuenta en otro país. No confien al 100% en el sitio donde viven ya que no tienen una bola de cristal para predecir el futuro. Conozco personas que no siguieron este principio y el gobernante en su país cambió leyes que les causaron perder su fortuna. No concentren todo lo que tienen en un solo lugar, recuerden el principio de diversificación. Siempre es sano tener algo de dinero en otro sitio como alternativa por si la situación en donde viven se complica. Estos ajustes económicos han sucedido en los últimos años en países como Venezuela, Brasil, Argentina, Ecuador, Honduras, ¿están 100% seguros que en su país no puede ocurrir también?

En cuanto al segundo punto de separación y protección de su patrimonio personal se basa en el principio de que es recomendable usar estrategias que les den un poco más de seguridad a su patrimonio. Si ustedes tienen todo a su nombre personal y alguien los demandase por algún motivo o situación que ocurriese, es posible que les congelen todo lo que tengan a su nombre y no puedan utilizarlo por mientras el proceso o juicio sucede. Estos procesos pueden durar muchísimos años en nuestros países latinos y esto puede ser una carga muy grande para ustedes si les sucediese algo así.

Si ustedes tienen un negocio y el mismo cierra, es posible que sus acreedores vayan contra ustedes y todo lo que tengan a su nombre. Es por esto que hay vehículos que permiten una extra seguridad. Separan sus bienes de estar a su nombre propio, quedando a nombre de un vehículo segregado que no pueda mezclarse con sus finanzas personales. Estos son algunos de los vehículos que pueden ayudarles a tener esa extra capa de protección:

1. Sociedades: Existen muchos tipos de sociedades, pero haré énfasis en las anónimas que son las más conocidas. Una sociedad es una estructura legal que puede ser dueña de distintos activos. Dependiendo del país, puede o no que sea necesario hacerlas a través de un abogado, debe tener una junta directiva y accionistas. Es el mismo vehículo que se utiliza si quieren abrir un negocio o comercio, pero a su vez se pueden usar para acciones no operativas.

Si compran una casa, carro o cualquier activo, inclusive una cuenta bancaria, pueden hacerlo a nombre de una sociedad. Esto conseguirá que ese bien no esté a nombre de ustedes sino a nombre de una entidad legal completamente separada a ustedes. Es importante conversar con su asesor legal sobre las implicaciones en sus países al utilizar sociedades y los costos de las mismas. Las sociedades son más caras que tener los bienes a nombre propio pero ese costo pagado es un pequeño precio que se paga por tener mayor seguridad.

2. Fundaciones de Interés Privado: Son mayormente conocidas en Panamá y Liechtenstein. Similares a los Trusts de los que hablo debajo, son vehículos legales con el fin de no tener una actividad comercial sino de ser una entidad no operativa que puede administrar bienes. Los activos son donados a la fundación, quién es la nueva dueña de todo y mantiene un reglamento interno privado en el cual se establece cómo se dispondrán de los bienes.

Son utilizadas como vehículos de sucesión a diferencia de un testamento que puede ser paralizado y apelado en juicio y sus bienes congelados, los activos donados a las fundaciones luego de un cierto periodo son inembargables completamente separados del patrimonio de la persona.

Las fundaciones son más económicas que los Trusts y sirven como otra alternativa para protección patrimonial y planificación de herencias.

3. Trusts: Estas figuras son un poco más sofisticadas y caras. Es recomendable para personas con varios millones ya que sus cargos son más altos y el nivel de protección es un poco mayor. En los Trusts, los bienes se traspasan a una entidad legal que tiene a un administrador independiente o Trustee, que vela por que se cumplan los deseos del que incorpora la figura. Los bienes dejan de estar a nombre de ustedes y pasan a ser parte de este vehículo, en el cual el Trustee es quién velará por sus intereses y será quién se encargue de dar a los beneficiarios correspondientes, lo que les toque al momento de la repartición de los activos.

Los Trusts son utilizados comúnmente para herencias y planes de sucesión. Se traspasan los activos de uno al Trust, que puede ser de cualquier país, y el Trustee se encargará de velar por los intereses del grupo. Es por ello que se debe buscar un Trustee reconocido, sólido y una jurisdicción que lo regule para así tener una mayor garantía de que realmente tendrá los intereses de ustedes como prioridad.

4. Pólizas Privadas: Estos vehículos son muy poco conocidos en la región, pero utilizados por los millonarios. Me he encontrado con pocas personas que los conocen y son llamados los nuevos Trusts.

En este vehículo, los bienes de la persona son traspasados a una póliza de vida que a su vez puede ser dueña de los activos. Al momento en que la persona fallece, los activos son entregados como indemnización a los herederos y esto puede ahorrar mucho dinero en impuestos a las personas.

Son instrumentos de mayor seguridad, protección, confidencialidad y pueden reducir el impacto fiscal de transferencia de bienes a un 0%. En muchos países latinos cuyo impuesto de herencia es de 25%, 30% o más, el pagar un 0% es un ahorro enorme. Estos instrumentos son los más caros de esta lista y en vista a que muy poca gente los maneja, si quisieran más información me pueden contactar directamente y con mucho gusto los puedo orientar con profesionales expertos en el tema.

Espero que este capítulo les haya podido transmitir mi intención de comunicarles sobre la importancia de una buena planificación patrimonial. He visto numerosos casos de peleas entre familiares por dinero y de relaciones destruidas por una falta de planificación patrimonial.

Recuerden que nunca está de más cuidarse y proteger los intereses personales y de su familia. Siempre es bueno tener algo fuera del país donde viven y ese algo, tenerlo bien protegido y estructurado para que lo puedan mantener y disfrutar de una manera segura.

Capítulo 7

Energía del Dinero

Es común decir que uno quiere más dinero, pero realmente uno no quiere dinero. Uno no quiere tener masas de papel con denominaciones, uno desea lo que el dinero puede conseguir. El dinero es energía; es un instrumento que le permite al tenedor, acceder a bienes o servicios prestados por alguien más. Es por esto que podemos decir que el dinero es una energía que nos permite conectar con la energía de los demás.

Al comprar un carro, utilizamos el dinero como herramienta para llegar a ese bien, que a su vez fue producto del trabajo de una o varias personas. Al comprar un carro, se compra tanto el vehículo como el esfuerzo, sudor y detalle que su constructor empleó en él. Es por esto que los carros en que sus detalles son hechos a mano como los Bentley, no cuestan igual que un Toyota o un Nissan que son hechos por máquinas.

Cuando se visualizan qué harían con el dinero, ¿piensan en guardarlo en la casa o en los lujos y gustos que se podrían dar? Uno se visualiza viajando, comprando cosas, ayudando, pagando deudas y cualquier otra cosa que se puedan imaginar. Lo que realmente motiva a las personas es lo que el dinero puede conseguirles, esa satisfacción que el ser humano constantemente busca.

Si bien es cierto que el dinero brinda cierto tipo de satisfacción, esta energía que se recibe con él debe saberse administrar. Si esa energía no se utiliza para conectar de una manera positiva, se da una especie de ajuste universal en la que se les quita esa administración y pasa la energía a alguien más. A veces uno no está preparado para recibir esa abundancia tan grande por lo que termina peor que antes. Si no me creen, investiguen cuántos ganadores de la lotería millonaria en Estados Unidos aún son ricos. Personas que ganaron millones de la noche a la mañana, recibieron tanto en exceso que se perdieron y hoy están más pobres que antes.

Les comento todo esto ya que es de vital importancia que apliquen ciertas herramientas con el dinero si desean obtener una prosperidad verdadera. Algunas de estas estrategias les parecerán familiares, pero probablemente no las empleen. Esto que les compartiré es aún más importante que todo lo demás que está escrito en este libro.

En los capítulos anteriores les expuse información muy valiosa que he recopilado después de mucho estudio y esfuerzo por querer entender lo que no se le explica al inversionista común y corriente. Ustedes tienen la guía para el camino hacia la libertad financiera, hacia esa puerta que los lleva a la prosperidad. Todo lo anterior los llevará a estar frente a frente con esa puerta, pero lo que les voy a revelar debajo es lo que les dará la llave para poder abrirla y disfrutar de una libertad financiera total.

Las dos herramientas que les quiero compartir se llaman Diezmo y Caridad.

Diezmo y Caridad

El diezmo significa separar entre el 10% y 20% de todos los ingresos que se reciban y destinarlos hacia una causa ajena a ustedes. Es algo que se puede hacer mensualmente, separando el 10% de lo que actualmente obtengan y devolverlo al Universo. Ese 10% no nos pertenece a ninguno de nosotros, le pertenece a Dios.

Todas las habilidades y talentos que tenemos se nos fueron otorgadas al momento de nacer en este mundo. El diezmo es una de las maneras que tenemos para agradecer lo que hemos recibido y devolver esa energía para que ayude a alguien más.

El diezmo se emplea en diferentes religiones, estudios filosóficos y estilos de vida. Cada uno lo explica a su manera, pero en esencia, es dinero que se devuelve al mundo para que se utilice en bienestar de otros.

Si reciben un ingreso mensual, pueden separar el 10% y luego darlo a una causa en la que crean, que esté ayudando a crear algún tipo de conciencia en el mundo para un bienestar mayor. El diezmo no se le da a un amigo con problemas económicos, se da a una causa más grande que esté causando un impacto positivo en la vida de las personas. Ustedes sentirán dónde es correcto darlo, pero es importante implementarlo.

Cuando comencé a hacerlo, me costaba muchísimo. Me decía que cuando ganase más lo haría. Les digo un secreto, si no lo hacen teniendo poco no lo harán cuando tengan mucho. Diezmar me ayudó a abrir mi mente y pensar más en los demás; me permitió separar ese apego que tenía con el dinero lo cual me dio una libertad que no imaginaba existía.

Si son independientes o tienen que pagarle a proveedores, diezmen con el monto que les queda luego de haber cubierto con esos pagos a terceros. El diezmo se aplica a lo que ustedes reciben, antes de pagar cosas personales como electricidad, agua, gas, supermercado, gasolina, celulares, etc. El diezmo les será un poco incómodo al principio, pero los invito a por lo menos hacer la prueba. Denle seis meses y si no sienten que nada ha cambiado, tomen la decisión de si seguir o no.

En lo personal, hacer este esfuerzo me ha ayudado a nivel personal y profesional. Recuerdo lo incómodo que me sentí el primer día que lo hice y ahora no me imagino no haciéndolo.

Si no fue suficiente mi explicación, lean sobre distintos multimillonarios y el diezmo…se sorprenderán de ver lo clave que ha sido en el éxito de ellos. Les comparto también que el diezmo no solamente incluye dinero. El tiempo de todos vale y el dar un diezmo con nuestro tiempo también es un acto enorme. El dejar a un lado lo ocupado del día a día para dedicarlo en ayudar a alguien más es muy valioso. Es hora de pensar menos en uno mismo y más en los demás, al hacerlo les aseguro que nuestro Creador se encargará de que nada nos haga falta.

Adicional al diezmo, pueden emplear la herramienta de la caridad. Del 90% restante (luego de haber hecho el diezmo), pueden utilizar una porción para ayudar a alguien en necesidad. Esa caridad es un acto adicional al diezmo, el cual muchas veces es incómodo. El dar cuando pensamos que no podemos dar más es lo que nos conecta aún más con el Creador y con la energía del dinero que fluye constantemente. Si hemos sido privilegiados con riquezas, negocios lucrativos, herencias o cualquier otro bien, usemos una porción para ayudar al prójimo y permitir que ese amor y compasión por los demás fluya.

Todo lo que tenemos en este momento es algo prestado, algo que se nos ha dado para que administremos. Así como hoy tenemos dinero, mañana lo podemos perder. Cada vez que reciban un pago, sean agradecidos por esa energía que reciben y úsenla de una manera caritativa, empleen la herramienta del diezmo y la caridad para utilizar parte de sus ganancias y hacer el bien por alguien más.

Los invito a por lo menos donar el 10% de cualquier ingreso que reciban. Como les mencioné antes, si no condicionan su mente a hacerlo con montos pequeños, les será casi imposible hacerlo cuando reciban montos mayores.

Un secreto que les quiero compartir es que al dar ese 10%, condicionan su mente hacia la prosperidad. Cuando dan un porcentaje de lo que tienen, le enseñan a su subconsciente que tienen más de lo que realmente necesitan. Cuando su subconsciente cree esto, lo convierte en una realidad en sus vidas y comenzarán a manifestar esta sensación de prosperidad. Condicionen sus vidas a ser más dadores y menos recibidores; la recompensa que recibirán será mayor de lo que se puedan imaginar.

Pónganse a pensar, si hay tantos multimillonarios que utilizan esta herramienta y ninguno se ha quedado pobre al usarla, sino que al contrario cada vez hacen más y más dinero, ¿qué saben ellos que no se yo? ¿Por qué la usan? ¿Será que hay algo detrás de ella?

Pruébenla y sean ustedes quienes decidan si es algo que les ayuda o no.

Capítulo 8

Hacer y Compartir

Considero este capítulo uno de los más importantes del libro ya que por más que uno aprenda, acumule riquezas, consiga objetivos, metas o cualquier ganancia que uno reciba en su vida no genera una felicidad absoluta si no existe el ánimo de compartir.

Es común ver cómo personas que han hecho mucho dinero emplean muchos años de su vida en buscar maneras de cómo regalarlo o donarlo. Buscan el emplear su dinero para hacer el bien y ayudar a otros ya que realmente conocen el secreto para la fortuna. Ninguna riqueza es eterna a menos que se use para compartir con los demás.

Si todos compartiésemos, nunca nos haría falta nada. Habría miles de millones de personas buscando compartir y eso eliminaría la escasez mundial. Es lo mismo con el dinero; si sólamente acumulan de una manera egoísta, solamente porque quieren más y más, eventualmente van a causar un desajuste y el Universo se los cobrará de alguna otra manera. Ya sea ser millonario, pero no tener salud, o desconfianza de las personas pensando que sólamente están cerca de ustedes por conveniencia, un blanco fácil para secuestros o cualquier otro evento que deba ocurrir para volver a balancear ese desequilibrio egoísta.

Es por ello que no quiero terminar este libro sin invitarlos a compartir y hacer algo por los demás. No está mal querer tener una libertad financiera. Es más, espero que todos ustedes puedan alcanzarla, pero no lleguen a esa meta sin ayudar a otro a llegar a ella también. Si les gustó este libro, compártanlo con un amigo que sientan que puede beneficiarse de lo que han aprendido. Es esta falta de empatía y de egoísmo que termina causando grandes desastres. La crisis financiera del 2008 fue una crisis que se pudo haber evitado fácilmente. Muchas personas actuaron de manera egoísta y efectuaron acciones que terminaron quebrando al sistema. El sistema colapsó por actos del ser humano, ese colapso fue solamente una corrección natural al daño que había hecho el hombre.

Cuántos casos no vemos de ambición sin medida, corrupción dentro de países en los que los gobernantes se hacen ricos mientras el pueblo se muere de hambre. Todas estas acciones egoístas se pueden evitar con un simple acto…el de compartir.

Más de 2 mil millones de personas en el mundo viven con menos de $2.00 dólares al día. ¿Están ustedes dentro de esa categoría? Esto quiere decir que si ustedes ganan más de $730.00 al mes, reciben más de lo que 2 mil millones de personas reciben en todo un año.

Con este hacer o compartir no me refiero a que todo lo tienen que regalar. Está bien que se den sus lujos. Está perfecto que cuiden y quieran darle lo mejor a su familia. Es maravilloso que se den los gustos que deseen, pero lo único que les recuerdo es que no se olviden de los demás. De todo lo que reciban, aparten algo para compartir con alguien que tiene menos que ustedes. Les aseguro que la alegría de ver a alguien sonreír es mucho mayor a la felicidad de comprarse una ropa nueva.

¿Por qué creen que la mayoría de padres le quieren dar todo a sus hijos? La dicha que sienten al verlos felices no tiene precio, no se puede cuantificar.

Si sienten que algo de este libro les llegó o puede cambiar su vida de alguna manera para mejor, enseñen lo que han aprendido a otros. La mayoría de las personas vive y muere sin siquiera saber que existen otras maneras de vivir que las que conocen. No saben que existe la posibilidad de alcanzar una riqueza monetaria. La mayoría juega el juego del dinero sin siquiera saber que hay reglas o que hay mapas que pueden usar para guiarlos hacia su meta.

Todo el conocimiento que he adquirido y plasmado en este libro no es mío. Se me ha dado la oportunidad en esta vida de aprender todas estas herramientas para así compartirlas con los demás. A mí nunca me enseñaron del dinero en mi escuela ni universidad. Es más, me enseñaban que hablar de dinero es malo porque eso era algo avaricioso. Dejen de temer de hablar de dinero, quítenle ese tabú.

Como última anécdota, quería compartirles una historia que hoy aún recuerdo vívidamente. Era el año 2008 y yo me encontraba estudiando en la ciudad de Boston en los Estados Unidos. En ese entonces mi interés por el dinero era puramente material, no pensaba en los demás ni en compartir. Decidí que iba a comprar billetes de la lotería Megamillions en los Estados Unidos, cuyos premios son famosos por ser de varios millones de dólares.

Gastaba $1 dólar por billete y siempre compraba el mismo número. Mi energía y pensamientos estaban tan enfocados en ganar para gastarme el dinero en diversión, y nunca con la consciencia de devolver algo al mundo. Luego de que mi billete expiraba, iba al supermercado cerca de la casa y compraba otro. Así seguía y seguía hasta que una semana no compré el billete. Para mi sorpresa, el 09 de diciembre de 2008 el resultado de la lotería fue el número 11 – 12 – 26 – 31 – 33 y el número extra de premio llamado Megaball fue el 27. El premio era de $170 millones de dólares y el número que cayó había sido el número que había comprado cada semana menos esa.

Estuve muy cerca de haberme ganado el premio que me pudo haber llevado a una libertad financiera a paso expedito. Por supuesto que en el momento fue un shock que me dejó mucho qué pensar; hoy en día doy gracias al Universo por no haberme ganado ese dinero.

En ese momento no estaba listo para recibir tanta energía. El haberme ganado $170 millones de dólares (un poco menos después de impuestos, pero aun así muchísimo) hubiese sido como si una bomba atómica estallara sobre mí. Esa alta dosis de energía hubiera sido demasiado para manejar en ese entonces y seguramente me hubiese causado un daño enorme tanto a mí como a mis seres allegados. Luego de muchos años, he aprendido y sigo aprendiendo cómo manejar la energía del dinero de la manera más eficiente y siempre pensando en el compartir y no sólo en el deseo de recibir para mí mismo.

El dinero es simplemente energía que ustedes pueden aprender a dominar. Les deseo mucho éxito en su camino hacia la libertad financiera y espero que algún día tenga el privilegio de poder cruzarme con alguno de ustedes y verlos disfrutar de la vida que se merecen.

Me despido de ustedes recordándoles que **el secreto para la verdadera riqueza es la gratitud.**

Si viven en un estado de carencia, enfocándose en todo lo que no tienen, van a vivir miserables y vacíos por más dinero que hagan. Cuando hacen el cambio mental y deciden abrir sus ojos y ver lo afortunados que son, valorar las bendiciones que reciben todos los días, vivirán en una una satisfacción eterna.

Los invito a no pensar en lo que no tienen. Tómense de 5 a 10 minutos al día y den gracias por todo lo que tienen en su vida. Ya sea salud, trabajo, dinero, seguridad, vida, poder caminar, hablar, su familia, amigos, hijos, pareja, la lista es eterna. Den gracias por lo menos por 3 bendiciones que tienen y sientan esa felicidad y esa fortuna que ya poseen.

Si están Cansados de Pagar Deudas, la llave para romper con esas cadenas se llama Gratitud. Si comienzan a plantar esta semilla hoy, los frutos que les dará en el futuro serán ilimitados y podrán alcanzar esa plenitud deseada por muchos, pero alcanzada por pocos.

Hacer y Compartir

Me tomé la libertad de hacer un acto de compartir por ustedes. Por cada libro que se venda, donaré un porcentaje de los ingresos a la Anthony Robbins Foundation. Esta organización tiene distintos proyectos de ayuda a nivel internacional como entrega de comida y ropa a los necesitados, programas para enseñar liderazgo y valores a jóvenes, provisión de materiales de estudio a presos en distintas cárceles, becas para eventos y más.

Si te interesa conocer un poco más sobre esta organización, puedes visitar https://anthonyrobbinsfoundation.org y leer un poco más sobre ella. Si has comprado este libro, ten por seguro que un porcentaje de lo que invertiste será destinado para ayudar a personas a nivel mundial.

Capítulo 9

6 Pasos para Lograr Tu Libertad Financiera

Me gustaría hacer un pequeño resumen de los 6 Pasos hacia la Libertad Financiera que hace mención este libro. Es posible que con tanta información hayan confundido los pasos y quería hacer un breve listado para que lo tengan como guía en su camino.

Paso #1: Tomar la Decisión

¿Tomaron la decisión de convertirse en un inversionista?

¿Han establecido un porcentaje que será destinado hacia su Fondo de Libertad Financiera?

¿Automatizaron el monto a transferir para sus inversiones? Si no lo hacen automático ya sea a través de transferencia de sus cuentas o descuento de su salario, es muy fácil utilizar ese dinero para algo más. Ese dinero no debe tocarse y debe ser enviado en su totalidad para su futuro financiero.

Paso #2: Conocer las Reglas del Juego

Aprender de los mitos que fueron explicados en el libro.

Paso #3: Jugar Como los Grandes

¿Calcularon sus números para conseguir una libertad financiera?

¿Tomaron las decisiones sobre cómo poder acelerar su plan de inversiones?

- **Ahorrar**

- **Cargos**

- **Impuestos**

- **Ingresos Adicionales**

- **Retornos**

Paso #4: Diversificación

¿Decidieron la estrategia de diversificación para sus activos?

¿Decidieron el porcentaje destinado a cada canasta?

Paso #5: Ingresos Recurrentes

Portafolio Multi Estacional

Planificación Patrimonial

Paso #6: Compartir

¿Están compartiendo lo suficiente?

¿Han decidido cómo servir a los demás?

¿Dominan la energía del dinero?

Anexos

Anexos

Physical Gold Fund SP

Durante la crisis del 2008 estaba estudiando en Boston University para obtener un Postgrado en Banca y Servicios Financieros. Cada día había una noticia financiera nueva que estremecía al sistema bancario, hasta el punto que los profesores nos pidieron no llevar más los libros y llevar noticias de periódicos para estudiar de ellas.

Todos mis libros financieros establecían un modelo de inversiones tradicional y "seguro", recomendando ciertas empresas como ejemplares de dónde invertir para tener una garantía y seguridad financiera. Casi el 100% de las empresas que mis libros recomendaban estaban al borde de la quiebra y algunas de ellas habían cerrado sus puertas para siempre.

Esto me causó un shock enorme ya que estaba leyendo mi libro, utilizado por casi todas las Universidades, que me decía qué era seguro y que no, pero para mi sorpresa, lo que era considerado como "seguro" estaba quebrando y no había ninguna guía sobre qué hacer.

Al regresar a Panamá, quise seguir entendiendo el motivo del colapso financiero y encontré en el oro, una herramienta que me ayudó a entender las distintas crisis al igual que encontrar un mecanismo de protección para mis inversiones.

Conocí a distintas personas, quienes ahora son mis socios, que tenían experiencia en la industria del oro. Fui aprendiendo de ellos y estudiando de otras fuentes, para dar con la conclusión de que no existía un vehículo que permitiese al inversionista pequeño, invertir en oro de una manera transparente, segura y líquida.

Así fue como en el 2009 mi travesía para crear un fondo de inversiones en oro comenzó. Pasé por muchas dificultades, retos y obstáculos para llegar donde me encuentro hoy en día. Intenté hacer el fondo en Panamá, luego hice un fondo en

Luxemburgo que tuvo éxito, pero luego nos encontramos con que el sitio no era el indicado para tenerlo y pasé por un cierre de compañía para abrirla nuevamente en Islas Caimán bajo el nuevo producto, el "Physical Gold Fund".

Soy Director y uno de los dueños del fondo. Quiero hacer esta aclaración ya que sí tengo intereses en esta empresa y no se las estoy recomendando. Simplemente quiero compartir el motivo por el cual la construí para que conozcan de ella y luego ustedes decidan si es algo que les conviene o no.

Soy fiel creyente en que todas las personas deberían tener acceso a una protección y preservación de sus inversiones. Considero al oro como una pieza fundamental en todo portafolio de inversiones (¿recuerdan el Portafolio Multi Estacional?) para obtener una diversificación de sus inversiones.

No entraré a detalles del Physical Gold Fund ya que no es el propósito de este libro. Si desean conocer más sobre él, pueden ir a www.physicalgoldfund.com o escribir a info@physicalgoldfund.com, solicitando la información que deseen.

En lo personal, yo tengo mis inversiones en oro en el Physical Gold Fund y lo considero un vehículo adecuado para la inversión en oro. Les sugiero investigar otros productos y compararlos, para que encuentren el que mejor les parezca al momento en que deseen invertir parte de su dinero en oro.

Fondos de Pensión Privados

Como panameño y residente actual en Panamá, quise mencionar brevemente sobre estrategias de inversión populares que he visto para que entiendan un poco más qué es lo que hacen.

Los fondos de pensión privados son fondos en los que las personas hacen sus aportes periódicos con el fin de obtener una pensión o jubilación en el futuro. En Panamá se permiten hacer aportes pequeños, los cuales otorgan beneficios de deducción fiscal, a un fondo de inversiones que posee un administrador.

Como han leído a lo largo del libro, la mayoría de los administradores de fondos de inversión se equivocan al momento de querer ganar al mercado. No sé si es el mismo caso en cuanto a los fondos de pensión en Panamá ya que no conozco a sus administradores, pero hay ciertas cosas que no me han gustado de estos productos las cuales menciono debajo:

Sus vendedores no son asesores financieros. Me he reunido con vendedores de estos productos y de los que he conocido, ninguno ha tenido conocimiento financiero de un buen nivel para poder recomendar un producto de inversiones. A mediados del 2014 me reuní con uno de ellos, le hice varias preguntas clave para entender un poco más el producto y a la fecha de escritura de este párrafo a finales del 2015, todavía no he recibido respuesta a mis preguntas.

Es muy difícil tener contacto con la gerencia de estos fondos de pensión. Si no son inversionistas grandes, sino que personas comunes y corrientes que simplemente quieren ahorrar para tener a futuro, es muy difícil poder hablar con altos ejecutivos que les puedan explicar cómo administran estos fondos.

Intenté conseguir el Prospecto por parte de los vendedores de estos fondos de pensión y o no sabían qué era eso o simplemente no me enviaban nada. El Prospecto es un documento público y no me gustó el hecho de que no me lo hayan podido proveer cuando lo solicité.

Los cargos anuales son altos. Encontré cargos anuales por administración de hasta 2.75%. Recuerden que estos no son todos los cargos que pueden existir, pero como no pude obtener el Prospecto, no sé si hay otros cargos asociados que pueden impactar en el rendimiento del inversionista. Aún asumiendo que no hubiese otros cargos, un 2% me parece muy alto y como leyeron en el capítulo sobre el impacto de los costos, ese 2% a lo largo del tiempo termina siendo mucho dinero que el inversor deja sobre la mesa para el administrador.

Es prudente consultar con su asesor financiero de confianza sobre este tipo de productos y evaluar si es o no conveniente para ustedes.

Si viven en otros países, es muy seguro que existan fondos privados de pensiones. Les recomiendo tomar como modelo este análisis sobre lo que encontré en Panamá y comparar con los de sus países de residencia para así tener una idea clara de qué les ofrecen.

Quiero terminar pidiéndoles que por favor investiguen antes de invertir. No se dejen llevar por grandes beneficios ni retornos prometidos sin antes entender en lo que está invirtiendo. Recuerden que una mala decisión financiera hoy puede afectar por completo su camino hacia la libertad financiera.

Anexos

Plataformas de Inversión

Quise escribir un poco sobre las distintas plataformas de inversión para que tengan una guía de dónde pueden custodiar sus activos de inversión.

Estados Unidos

Es de los sitios más económicos y avanzados tecnológicamente. Para cuentas pequeñas, Interactive Brokers es una buena alternativa y para montos mayores existe Pershing.

He probado ambas y tienen sus pros y contras. En cuanto a costos, Interactive Brokers es mucho más económica ya que cada transacción cuesta aproximadamente $1.00 vs. Pershing que es mucho más cara.

La ventaja de Pershing es que ofrece una chequera, una tarjeta de débito y acceso a un mayor rango de productos de inversión, entre ellos los fondos mutuos.

En mi opinión, como prefiero fondos indexados, me ha funcionado muy bien Interactive Brokers y la encuentro bastante amigable para usar. No conseguí invertir en fondos indexados a través de Pershing ya que, para poder invertir desde una cuenta de inversiones, es necesario que exista un acuerdo entre la Casa de Fondos (el que crea los fondos) y el que ofrece el servicio de Pershing. Si son un inversionista pequeño, les va a costar conseguir ese acuerdo por lo que Interactive Brokers me resultó ser más funcional.

Europa

La custodia en países europeos como Suiza, Mónaco, Alemania, entre otros es mucho más cara que en Estados Unidos. Por lo general, los bancos piden abrir cuentas de $1,000,000.00 para arriba por lo que deja por fuera a muchos inversionistas más pequeños.

Estos países ofrecen una banca sofisticada y funcional para una diversificación europea. Si no tienen estos montos para abrir una cuenta, Estados Unidos les puede resolver.

Existe un banco suizo llamado Swissquote que ofrece cuentas de inversión sin ningún mínimo. En lo personal no lo he utilizado aún, pero he leído sobre él e investigado sobre los servicios que ofrece. Esta puede ser una alternativa económica para aquellas personas que deseen una cuenta de inversiones en Suiza a un costo más accesible. Abrir una cuenta es relativamente fácil y si sienten que es algo que les puede interesar, los invito a leer más sobre Swissquote.

Custodia Local

Distintas casas de valores o broker dealers ofrecen en sus países de origen la posibilidad de cuentas de inversión. En Panamá hay una cantidad importante de casas de valores al igual que en Uruguay. Pueden averiguar en ambos países si les conviene más abrir cuenta con ellos y que adicional a esto, les provean asesoría.

Existen otros países que ofrecen custodia en los distintos continentes. Lo más importante es conocer la solidez de la institución y evaluar los cargos de cada banco. Recuerden que los cargos son un factor clave a la hora de evaluar sus retornos y entre más los puedan reducir, significará más dinero en su bolsillo y no en el del banquero.

Entrevistas

En esta sección, quise hacer algo un poco distinto a la entrevista tradicional. En lugar de tener una serie de preguntas, quise hacer una sola interrogante que revelara algo único de cada persona entrevistada.

Les pregunté lo siguiente: "Si no pudiesen dejarle dinero ni herencia alguna a sus hijos y familiares al momento de morir, ¿qué consejo, principio o guía les enseñarían para que ellos por sus propios medios, puedan alcanzar una vida próspera y feliz"?

En esta pregunta no quise hacer énfasis en la parte monetaria sino en la esencia de cada persona y encontrar su verdadero YO, ese ser humano que cada uno de ellos es por debajo de cualquier título o cargo que puedan ejercer y encontrar la verdadera naturaleza de cada uno de ellos.

Encontrarán que algunos consejos son cortos y otros más elaborados. Busqué personas que son íconos en su industria, personas reconocidas, respetadas y muy exitosas. Es muy curioso ya que muchas de las enseñanzas que ellos revelan, son las mismas que personas como Richard Branson, Tony Robbins, Bill Gates, Oprah, Deepak Chopra, entre otros, predican e intentan esparcir alrededor del mundo.

Espero que al igual que yo, ustedes puedan realizar más que acumular riquezas y bienes materiales, el legado que realmente causa un impacto en el mundo, es hacer el bien a los demás y sobre todo…compartir.

James Rickards

James Rickards es un asesor de inversiones en Nueva York, autor de los libros "Currency Wars: The Making of the Next Global Crisis" y "The Death of Money", el último perteneciente a la lista de los Best Sellers del New York Times. El Sr. Rickards ha ejercido cargos en Citibank, Long-Term Capital Management y Caxton Associates.

En 1998, fue el principal negociador del rescate de LTCM ante la Reserva Federal de los Estados Unidos. Sus clientes incluyen inversionistas institucionales y directores del gobierno. Ha sido asesor en el sector de mercados de capital de la Dirección de la Inteligencia Nacional y de la Oficina del Secretario de Defensa de los Estados Unidos.

Actualmente es el Director de Estrategia Global de West Shore Funds, parte de la Junta de Asesores del Physical Gold Fund, editor del newsletter mensual "Strategic Intelligence" y Director de The James Rickards Project, enfocado en análisis complejo de las dinámicas geopolíticas y capitales globales.

La respuesta de Rickards fue la siguiente:

"Ante todo, considero que ninguna herencia que pudiesen recibir sería tan valiosa como el consejo que les daré. Lo más importante para mí es la familia y la educación. Lo que has aprendido y tienes dentro de tu cabeza es lo más valioso que puedes tener, nadie te lo podrá quitar. Si eres emprendedor y tienes una buena educación, puedes comenzar con poco dinero y crecerlo a lo largo del camino. Aunque lo pierdas, tus conocimientos te permitirán caer parado y volver a comenzar hasta lograr tu meta.

Si tienes mucho dinero y no tienes educación ni recursos, si lo llegases a perder, las probabilidades de caer parado son bajas; probablemen-

te no sabrían cómo levantarse nuevamente. Les recordaría a mis hijos que lo más valioso no es lo que tienes en tu portafolio de inversiones sino lo que tienes en tu cabeza.

El segundo consejo es que recuerden que, si reciben una herencia, esa herencia viene de alguien que sí trabajó por ella y la deben tratar con respeto y actuar como un custodio de ella para las generaciones futuras. Si el dinero es regalado, no deberían tratarlo como dinero ganado sino como dinero que se les ha confiado y por ende lo tienen no para hacer lo que les de la gana sino para pasarlo intacto (si fuese posible) a sus descendientes. No deben considerarse nunca como dueño de la herencia sino como un administrador.

El dinero que ustedes hagan por sus propios medios lo pueden usar como quieran, pero nunca el heredado. Les aconsejaría que estudiaran de aquellas familias que han preservado sus riquezas por periodos de más de 200 años. No sé si existen en Latinoamérica, pero las hay en Europa, Asia, Estados Unidos y otros sitios en el mundo muy puntuales. Investiguen cómo estas familias han preservado su dinero a lo largo de guerras, conflictos, crisis mundiales y demás situaciones críticas donde muchos lo pierden todo.

Estas familias han utilizado su efectivo y lo han invertido en activos que preservan su valor en el tiempo como el oro, obras de arte y tierras (bienes raíces, viviendas, tierras agrícolas, etc.). Aunque estos activos puedan subir y bajar de precio, su valor ha perdurado por muchos años. Hace 100 años estos activos eran valiosos y hoy lo siguen siendo. Si son valiosos hoy, tengan por seguro que seguirán siendo valiosos en 100 años más. Casi por definición, los activos mencionados anteriormente ayudan a preservar el dinero.

Si lo que desean es duplicar o triplicar su dinero, lo que tienen que hacer es trabajar. Comiencen una empresa, desarrollen alguna idea y trabájenla. Si toman el dinero de otros (la herencia) y piensan que lo duplicarán a través de inversiones en los mercados de acciones, a mí parecer estarían actuando con imprudencia. Si se quieren ir a Las Vegas o jugarlo todo en la bolsa de valores, háganlo con el dinero que ustedes hagan y no con el dinero que se les ha confiado para preservarlo a futuro".

Espero hayan disfrutado de esta entrevista tanto como yo lo hice. Rickards pasa viajando a lo largo del mundo dictando conferencias y capacitaciones a grandes instituciones financieras, gobiernos y familias de alto poder adquisitivo. Él es una de las personas que sabe cómo jugar el juego del dinero y su aporte les permitirá a ustedes aprender a jugarlo también.

Stanley Motta

Stanley Motta es el empresario más exitoso de todo Centro América. Entre las empresas de las que es parte figuran Motta Internacional, Banco General, Copa Holdings, Assa Compañía de Seguros, Televisora Nacional, Inversiones Bahía, entre otras.

Según la revista Forbes: "Su fortuna proviene de las tiendas libres de impuestos instaladas en aeropuertos de más de 20 países latinoamericanos. La diversificación de Motta Internacional, le ha permitido a este conglomerado extender su presencia en todo el Caribe y Latinoamérica, consolidado así al sector financiero, aerolíneas, proyectos inmobiliarios y productos de lujo como los principales pilares del grupo empresarial. Medios locales calculan que los activos del corporativo rondan los 2,500 millones de dólares".

La respuesta del Sr. Motta a mi pregunta fue:

"Uno tiene que tener control de sus impulsos para alcanzar sus objetivos a largo plazo. Es mucho más fácil el placer que el trabajo y la disciplina. Para alcanzar el éxito, también hay que tener una disciplina financiera".

Ahí lo tienen, una respuesta breve pero acertada por parte del empresario más exitoso de Centro América. Es muy fácil caer en la adicción del placer, olvidando las responsabilidades más importantes. Si no se elabora un plan y se tiene disciplina, de nada servirán las buenas intenciones.

Si alguien tan exitoso como Stanley Motta valora la disciplina y el esfuerzo, debe ser un mensaje que no debe pasar desapercibido.

Nicholas Psychoyos Tagarópulos

Empresario exitoso, actual CEO del Grupo Rey en Panamá. Lidera una de las cadenas de supermercados más exitosas del país. Dentro del grupo Rey Holdings, se encuentran las cadenas de supermercados El Rey, Romero y Mr. Precio, los cuales generan ventas anuales por encima de los $500 millones de dólares.

El Sr. Psychoyos es uno de los empresarios más exitosos del país, siendo un líder en la industria del sector alimenticio. Es un visionario que cuenta con un equipo de trabajo sólido, permitiéndole consolidar su negocio en un grupo fuerte en Panamá.

Al hacerle la pregunta al Sr. Psychoyos, su respuesta me pareció corta, sencilla pero profunda con un mensaje que va más allá de simplemente hacer dinero o acumular bienes, fue una respuesta desde el corazón de un ser humano al corazón de todos los lectores.

Nicholas Psychoyos responde: **"Sean humildes, siempre quieran y siempre ayuden a su prójimo"**.

Puede que el consejo sea fácil de leer, pero realmente es difícil de aplicar. No debemos perdernos en el día a día, en los bienes materiales, en el éxito ni la fama. Hay que siempre recordar quiénes somos, tener esa humildad presente y buscar servir a los demás.

Magali Méndez

Magali Méndez es una visionaria y pionera en el mundo editorial de Panamá. En Panamá no existía un medio de comunicación que resaltase los eventos sociales y empresariales que se realizaban en el país. Es por esto que en 1997 comienza su empresa, con la intención de resaltar lo positivo que acontecía en el país, queriéndose alejar de las noticias negativas y así ofrecer a Panamá la oportunidad de darse cuenta de todo lo bueno que ocurre, muchas veces silenciosamente.

Es una mujer que conoce lo que es el esfuerzo y trabajo duro. Comenzó como una ejecutiva publicitaria en una agencia y hoy en día es un ícono mediático en el país. Es una mujer feliz, apasionada y que se nota que disfruta lo que hace al máximo.

¿Qué mejor trabajo que seguir tus pasiones y disfrutar de tu día a día? Magali lo ha conseguido y hasta mucho más. Les dejo debajo lo que Magali enseñaría a sus hijos para que ellos también puedan alcanzar el éxito que con mucho orgullo ella ha logrado:

"A mis hijos, desde muy pequeños, les transmití lo que con mucho empeño mi padre se esforzó por enseñarme: que la educación es el tesoro más importante que podemos dejarles a ellos.

De niña, cuando vivía en Cuba, mi papá siempre me decía que los bienes materiales van y vienen con frecuencia, pero la buena educación es un legado fundamental en nuestras vidas, que jamás será quitada sin importar las circunstancias ni el tiempo.

Cuando hablo de educación, no solo me refiero a la que nuestros hijos reciben en las aulas escolares, sino a la que debe impartirse en el hogar, donde los valores, deberes y derechos son pilares invaluables. Les eduqué con el ejemplo, demostrándoles que el respeto, responsabilidad y honestidad nos hacen mejores seres humanos y me siento satisfecha con saber que ellos lo tienen claro.

También es vital enseñarles que el trabajo honesto los hará hombres y mujeres de bien, dándoles la seguridad de caminar con la frente en alto, puesto que no deben tener temor por sus actos ni decisiones.

Apoyarlos es nuestra responsabilidad como padres. Guiarlos dentro de su formación es primordial, pero mucho más valioso es respetar sus decisiones para que se desarrollen profesionalmente en el ambiente que les gusta, de esta manera se levantarán día a día a realizar eso que realmente les apasiona en el campo laborar, permitiéndoles responsablemente disfrutar su vida personal al máximo.

Gracias a Dios tuve la oportunidad de darles una buena educación, académica y en el seno del hogar, otorgándoles a ellos y a mí, la tranquilidad de saber que hoy son mejores personas y que no necesitan de una herencia material para alcanzar sus metas".

A mi parecer, Magali nos deja una enseñanza muy valiosa e inspiradora. Una mujer que ha logrado mucho, manteniendo una humildad y un enfoque hacia los valores morales más que al valor de los bienes materiales. Espero que los motive, así como a mí, a tener siempre presente que los bienes materiales y el dinero son pasajeros pero los valores y enseñanzas aprendidas son para toda la vida.

Agradecimientos

Quiero comenzar por agradecer a mi esposa Julissa, quien ha estado a mi lado en todo momento durante mi travesía escribiendo este libro y quien nunca dudó de mí. Su apoyo incondicional fue un factor clave para esta obra y ha sido mi fuente de inspiración en todo momento.

Agradezco a mis padres, Perla y Elías, por el apoyo que me han dado y por siempre creer en mí. Mis socios, Alex Stanczyk, Philip Judge y Simon Heapes, quienes me han enseñado algo más valioso que solamente una alianza por el dinero, sino una alianza por querer cambiar al mundo para mejor. Agradezco a Matthew Harris, mi coach personal del equipo de Tony Robbins, quien estuvo apoyándome y aconsejándome durante todo el proceso desde la idea del libro hasta su versión terminada. De igual forma estoy muy agradecido con Pablo García de Paredes, quien me ayudó en la edición del libro al igual que me dio valiosas sugerencias, su apoyo y su energía también forman parte de este mensaje que hoy les transmito.

Quiero también agradecer a Marta Spadafora, a Ana Corina y María Andrea Loynaz, quienes fueron parte del equipo de formato, diseño y edición del libro. Gracias por todo su aporte y por hacer de este libro una realidad.

Por último, pero no menos importante, quiero agradecer a todos los que han leído este libro. Esta obra no fue escrita por mí sino a través mío. Soy un simple canal al que se le ha dado el privilegio de poder transmitir este mensaje con el fin de ayudar a la mayor cantidad de personas alrededor del mundo.

Bibliografía

1. **Money: Master The Game – Tony Robbins**
   Simon & Schuster (November 18, 2014)

2. **Prosperidad Verdadera – Yehuda Berg**
   Kabbalah Publishing; Spanish Edition (August 28, 2007)

3. **Second Chance: For Your Money, Your Life and Our World – Robert T. Kiyosaki**
   Plata Publishing (January 6, 2015)

4. http://www.fool.com/investing/general/2014/10/24/the-no-1-mistake-investors-make.aspx

5. http://www.forbes.com/2011/04/04/real-cost-mutual-fund-taxes-fees-retirement-bernicke.html

6. http://www.morningstar.com/products/pdf/MFIMWEOC0608.pdf

7. http://paulmerriman.com/10-reasons-brokers-dont-like-index-funds/

www.ingramcontent.com/pod-product-compliance
Lightning Source LLC
Chambersburg PA
CBHW050651160426
43194CB00010B/1890